사회적 책임제 민주주의

「자본론」을 넘어 새로운 정치경제학을 향하여

사회적 책임제 민주주의

『자본론』을 넘어
새로운 정치경제학을 향하여

황사민 지음

한울
아카데미

▮ 차례

서장

199만년의 평등 사회와 1만년의 불평등 사회

§§§

인류 역사를 약 200만 년으로 볼 때, 적어도 199만 년 동안은 인류는 원시공동체 사회로서 수렵과 채취로 생활하였고, 길게 보아도 1만 년 전에 농업과 목축이 시작되었다. 원시공동체 사회와 비교하여 그 이후의 사회는 사유재산, 신분제 혹은 사회적 불평등, 생산력의 발전과 생산물의 분배, 그리고, 이러한 요소들을 총합적으로 규율하는 사회규범의 존재 등 여러 면에서 대비된다. 그러한 두 사회의 차이는 인류의 보편적인 행복의 요건에 대한 시사점을 제공한다. 신석기 혁명으로 원시공동체를 벗어난 인류가 생산력의 발전으로 과연 보편적인 삶의 질을 개선하였는가 하는 점이다.

현대에도 잔존하는 소수의 수렵채취 종족들로부터 199만 년 동안의 수렵채취 인류의 사회에 관해 추정하고 있다.[1] 수렵채취 시대의 인류는 사냥도구, 채취도구와 같은 원시적 생산수단을 사유재산으로 인식하지 않았고, 충분한 자원에서 획득된 식량을 각자 필요한 만큼 소비할 수 있었기 때문에 분배의 문제도 발생하지 않았다. 원시공동체 시대에는 전세계에 걸쳐 인간의 숫자가 수백만에 불과했으므로 대자연은 그들의 생존에 필요한 자원을 넉넉히 제공하였다. 공동체의 연장자나 신체적 강자가 동족을 신분적으로 지배할 아무런 동기도 없었고, 석기를 잘 제조한다거나 골침으

---

1 수렵 종족의 예는 북극권역의 이누이트족이고, 채취 종족의 예는 서남아프리카의 부시족이다.

로 가죽옷을 더 잘 만드는 사람은 식량 획득 노동에서 면제될 수 있었을지언정 더 많은 식량을 분배받는 것도 아니었다. 적은 근로시간으로도 생존과 자유로운 여가생활을 할 수 있고 신분적 억압이 없는 사회였다. 그런 면에서, 원시공동체 사회의 인류는 평균수명이 그다지 길지 않았다는 것[2]을 제외하고는 행복한 삶을 영위할 수 있었던 것으로 추정되고 있고 이를 부인할만한 특별한 근거를 찾을 수 없다.

신석기 혁명으로 시작된 나머지 1만 년의 불평등 사회는 생산과 분배에 관한 거의 항구적인 갈등의 역사였다. 그 1만 년 동안 인류는 지속적으로 생산력의 발전을 이루어왔지만, 또한 보다 많은 생산물이 반드시 인류에게 보다 큰 행복을 가져다주는 것은 아니라는 것을 증명해왔다. 보다 많은 생산물은 피지배계급에 대한 최악의 약탈을 낳았고 전쟁을 통한 대량 살상으로 이어지곤 하였다. '분배의 갈등'을 해소하지 못하는 한 생산력의 발전이 인류에게 행복을 가져다주는 것이 아님은 역사적으로 반복해서 증명되었다. 그것은 신석기 혁명과 산업혁명에서 뚜렷하다.

인류 최초의 획기적인 생산성의 향상은 신석기 혁명이라 부르는 농경과 목축의 시작으로 이루어졌다. 그러나 농경과 목축은 인류 역사상 가장 극단적인 예속적 신분제도인 노예제도를 낳았다. 신분제도를 고려하지

---

2 평균수명은 30세를 넘지 않고 60세 이상의 장수를 하는 비율은 10% 내외였을 것으로 추정된다. 수렵채취 시대에는 자연으로부터 제공된 식량을 섭취하여 영양실조가 크게 문제되지 않았을 것이고, 극단적 동물성 식단에 의존하는 종족이라도 신체의 적응으로 인하여 건강을 크게 위협받지는 않았을 것으로 추측되고 있다. 다른 부족과의 신체적 접촉이 거의 없었으므로 감염병으로 인한 사망은 거의 없었을 것이고, 소, 돼지, 닭, 말 등의 목축을 행하기 이전이었으므로 천연두, 홍역, 결핵, 디프테리아, 나병, 조류독감 같은 동물로부터의 감염병도 거의 없었을 것이다. 또한 운동 부족의 문제는 전혀 제기되지 않았을 것이다. 다만, 익히지 않은 식량 때문에 대부분 기생충에 감염되어 영양을 빼앗겼고 식단도 제한되어 있었기 때문에 장수까지 누릴 수는 없었던 것으로 추정된다.

않더라도 농경과 목축의 개시에 따른 노동 생산성의 향상이 인류에게 평균적으로라도 삶의 질을 개선했다는 근거도 부족하다. 농경사회에 이르러 인류의 개체 수는 늘어났을지언정[3] 인류 1인에게 돌아가는 식량이 원시공동체 사회와 비교하여 평균적으로 늘어났는지 여부조차 불분명하다. 증대된 생산성으로 인해 인류의 여가시간, 삶의 질, 수명, 그리고, 1인당 소비물이 늘어난 것은 아니었다. 또한 정착 사회가 시작되면서 거주지 주변에 배설물이 버려지고 그 배설물이 빗물을 타고 지표수에 침투하게 되므로 대장균에 의한 소화기 질병이 발병하고 근접 생활에 의한 전염의 위험이 증가하여 과거 원시사회에 비해 질병으로 인한 고통과 사망이 현저히 늘어나게 되었다. 농경사회는 원시 수렵채취경제에 비하여 노동시간은 몇 배로 증가하였고, 평균적인 영양상태도 더 낮았으며 원시 수렵채취시대보다 평균 수명도 크게 향상되지 않았다.[4] 1만 년의 불평등 사회 대부분의 기간 동안 인류의 생산성과 인구는 계속 증가하였지만 그것이 보편적인 삶의 질을 향상시킨 것은 아니었다.

산업혁명으로 인한 노동생산성의 비약적 증대 역시 그것만으로는 인류의 전반적인 삶의 질을 개선하지 못하였다.[5] 산업혁명이 가져온 생산력의 획기적 발전으로 인류는 비로소 신분제 사회 종식을 위한 물적 토대는

---

3 모든 동물사회에서 관찰되는 바와 같이, 특정 동물의 개체 수의 증가는 생존에 필요한 식량의 양에 의해 한계 지워진다. 인류 역시 생산물의 한계점까지 인구가 증가하여 항상 부족한 식량에 의해 기아와 질병으로 사망하는 인구가 존재하며, 그것이 인구증가의 한계를 이루게 되었다. 만성적인 영양실조, 높은 유아사망률(심지어는 식량부족으로 인한 영아 살해), 질병, 전쟁 등으로 산업혁명 이전의 인류의 개체 수 증가는 매우 완만하였다.

4 인류의 평균수명이 크게 늘어난 것은 항생제 발명 등 보건의료상의 획기적 발전이 이루어진 이후다.

5 산업혁명이 1760년~1840년 사이에 이루어지지만 1848년에 유럽은 역사상 가장 광범위한 혁명의 소용돌이에 빠져들었다.

갖추게 되었지만, 제도적으로나마 시민권이 확립되고 법 앞의 평등을 이루기까지는 적어도 1세기의 시간이 더 필요했다. 그 이후에도 법률적인 신분에 불구하고 자본가와 무산자라는 새로운 사회적 계급의 충돌이 전사회적으로 전개되어왔고 불과 1세기 전까지도 노동자들은 아사를 면할 정도의 저임금으로 신체적 한계에 이를 때까지 장시간 노동에 투입되었다.

노동시간, 여가, 영양상태, 평균 수명 등 생물적 측면과 신분 혹은 계층이라는 사회적 측면을 함께 고려할 경우 인류의 보편적인 삶의 질이 개선되기 시작한 것은 최근의 100여 년 정도에 불과하다. 인류의 역사는 한편으로는 생산성 향상의 역사이고 다른 한편으로는 분배의 갈등에 대한 해소의 역사다. 역사는 분배의 갈등에 대한 해결을 수반하지 않는 경제성장이 인류에게 보편적인 행복을 가져오지 않음을 증명해왔다.

생산성 외에 사회적 측면에서 199만 년의 원시공동체 사회가 그 이후의 사회와 대비되는 가장 뚜렷한 차이점은 분배의 갈등이 존재하지 않았고 사회규범이 사회구성원에게 속박으로 작용하지 않는 평등사회였다는 점이다. 규율이 필요한 것은 어떤 종류의 사회에서나 마찬가지이고 원시공동체 사회도 예외는 아니다.[6] 그 질서 내지 사회적 규율이 개인에 대한 구속으로 작용하지 않았던 것은 식량 배분의 문제가 거의 제기되지 않는 사회적 조건에 기인한다.

---

6 채취 부족의 경우 어느 곳에서 식량 자원이 부족해지면 다른 장소로 이동하여야 하는데 그 이동의 시기와 방향을 결정하는 리더가 필요하고, 수렵 종족의 경우에도 연어, 순록, 바다표범의 사냥을 위해 이동과 조직적인 대응이 필요하기 때문에 지휘자가 필요한 것은 마찬가지다. 임신, 출산하는 여자들이 어느 시기부터 어느 시기까지 식량 채취 노동에서 면제되고, 손재주가 있는 사람들이 식량 채취 대신 석기를 만들거나 가죽옷을 만드는 일에 종사할 수 있는 것도 그 부족의 리더의 결정과 반복된 관행을 통해 정착된다.

사회조직과 규율이 필요하다는 것이 반드시 규율하는 자와 규율을 받는 자 사이의 불평등 또는 갈등을 의미하는 것은 아니라는 것을 원시공동체 사회를 통해서도 알 수 있다. 사회조직과 규율이 그 사회구성원의 생존과 행복에 적합하게 구성되고 작동하는 것이라면 그 사회구성원들은 전혀 불공평하다고 느끼지 않는다. 불평등의 문제는 기본적으로 생활자원의 분배가 합리적이어서 사회구성원들 사이에 갈등을 야기하는가, 그렇지 않는가하는 문제에 달려있다. 생활자원이 사회구성원들 사이에 갈등의 요소가 없도록 합리적으로 분배되는 사회는 조직의 형태에 불구하고 평등 사회다. 그 합리적인 분배란 신분적, 생래적 요인을 포함하여 정당한 기여가 없는 자에 대한 분배가 지양되고 일반적으로 수긍할 수 있는 이유와 방식으로 분배가 이루어져서 사회구성원들의 일반적인 동의를 얻을 수 있는 분배를 말한다.

우리가 추구하는 민주사회란 통치 권력과 규율이 존재하지만 그 권력과 규율이 자원의 합리적 배분을 목적으로 하는 사회를 말한다고 할 수 있다. 생산성의 향상은 자본주의의 자연적이고 생래적인 것인데 비해 분배의 갈등의 해소는 계획적이고 인위적으로만 달성될 수 있다. 자본주의사회에서 국민의 보편적인 삶의 질이 개선되는 것, 즉, 자본주의사회의 진보는 경제적 성장과 함께 정의로운 분배가 이루어져가는 것을 의미한다. 경제학이 정치경제학이어야 하는 이유는 여기에 있다. 가치를 논하지 않는 경제학은 인류의 행복과 언제든지 괴리될 수 있으며 그 의도와 무관하게 휴머니즘에 대한 장애가 될 수 있다. 이제 다시 정치경제학을 논의해야 하는 때가 되었다.

제1장

상품, 잉여노동 그리고 자본주의 4단계

§§§

AI와 가상화폐의 시대에 마르크스 경제학 얘기를 꺼내든다는 것은 시대착오로 여겨질 수 있을 것이다. 마르크스(Karl Marx, 1818~1853)가 『자본론(Das Kapital -정치경제학 비판)』을 세상에 내놓은 해는 1859년이니 무려 166년 전의 일이다.

고도의 자본주의 시대에 19세기 마르크스 경제학, 특히 잉여가치설에 대한 검토가 선행되어야 하는 것은 아무리 산업기술이 발전하여도 자본주의의 기본적 요소는 변하지 않기 때문이다. 정치경제의 근본적인 문제에 대한 접근은 자본주의에 대한 이해로부터 출발하여야 하고, 그러자면, 자본주의적 생산양식에 대한 비판적 분석틀을 제공한 마르크스 경제학에 대한 논의는 생략할 수 없다.

1. 자본가의 이윤의 원천

마르크스 『자본론』의 부제는 '정치경제학 비판'이다. 여기서 비판의 대상인 '정치경제학'은 애덤 스미스(Adam Smith, 1723~1790)와 데이비드 리카도(David Ricardo, 1772~1823)의 정치경제학[7](당시의 주류 경제학)을 가리킨다. 스미스에서 출발하여 리카도가 발전시킨 노동가치설을 마르크스가 승계하여 잉여가치설을 정립하였다고 평가되고 있다. 노동만이 가치를 창출할

<그림 1> 마르크스의 『자본론』 제1권(1867)

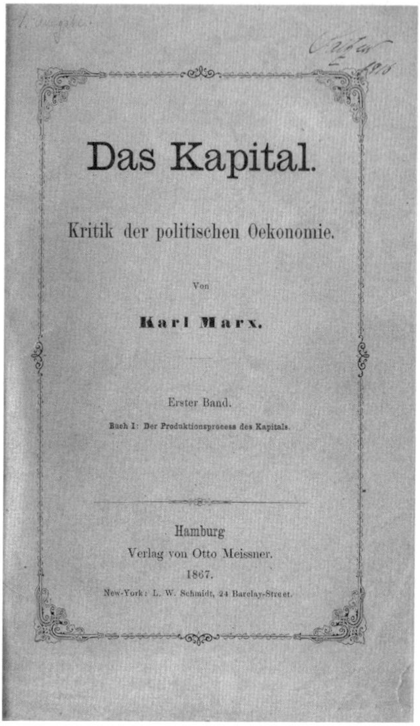

Das Kapital.

Kritik der politischen Oekonomie.

Von

Karl Marx.

Erster Band.

Buch I: Der Produktionsprocess des Kapitals.

Hamburg
Verlag von Otto Meissner.
1867.
New-York: L. W. Schmidt, 24 Barclay-Street.

* 자료: 위키피디아.

수 있고, 상품에 구현된 노동량이 교환가치를 결정한다는 스미스와 리카도의 노동가치설을 기초로 하여 마르크스는 자본주의적 생산과 상품의 교환을 논한다. 리카도는 임금 혹은 노동력의 교환가치가 그 사회의 노동력의 평균적 재생산비용에 의해 정해진다고 보는데, 이것 역시 마르크스가 따르고 있을 뿐만 아니라 이를 전제로 필요노동이라는 개념을 도출한다. 나아가, 마르크스가 말한 자본축적 과정에서 나타나는 평균적 이윤율의 저하 경향에 관한 이론은 리카도가 말하는 자본생산성의 향상 과정에서 이윤율의 저하 경향 및 그 회복에 관한 이론과 유사한 면이 있다.

마르크스가 상품의 가치에 관하여는 스미스와 리카도의 노동가치설을 그대로 받아들였지만, 그 위에서 전개한 잉여가치설은 종래의 정치경제학

7 리카도에 의하면, "정치경제학은 노동을 통해 생산된 생산물이 자본가, 지주, 노동자 등 생산에 관여한 계급에 분배되는 데 있어서 그 분배를 규율하는 법칙을 탐구"하는 것을 기본적 과제로 한 경제학이라고 할 수 있다.

에서는 찾아볼 수 없는 완전히 독창적인 이론이다. 스미스나 리카도의 정치경제학은 『국부론』이라는 제목에서도 시사하는 바와 같이, 국가적 차원에서의 경제성장과 부의 배분에 관한 이론이고, 이윤, 임금, 지대 및 그 배분, 화폐의 역할, 그리고, 무역과 조세 등을 주제로 한 것이다. 이에 비하여, 마르크스 경제학의 주된 관심은 자본주의적 상품 생산구조에 있고, 그로부터 '이윤의 발생 원천'을 규명하는 것이 핵심적 과제다.

자본가가 이윤을 얻을 수 있는 근본적인 이유가 무엇인가? 쉽게 표현하자면, 생산을 조직한 자본가가 상품을 시장에서 생산비보다 비싸게 팔았기 때문에 이윤을 획득하는 것인가, 아니면, 자본가가 노동자를 저임금으로 고용하여 과다하게 장시간의 노동을 시켰기 때문에 이윤을 얻을 수 있는 것인가 하는 문제다.

자본주의적 생산에서 자본가는 오로지 잉여노동을 통하여만 이윤을 획득할 수 있기 때문에 자본주의가 존속하는 한 노동착취가 필연적이라는 마르크스 경제학의 결론은 타당한 것일까? 자본주의적 생산양식 하에서 생산수단의 소유자인 자본가에게 이윤이 발생하려면 반드시 잉여노동이 행하여져야 하는 것일까?

어떤 자본가가 원자재를 구입하고 홍길동을 근로자로 고용하여 볼펜을 생산하게 한 후 시장에 내다 팔아서 이윤을 얻었다면, 그 이윤은 어디서 유래한 것일까?

쉽게 드는 생각은, 시장에서 볼펜을 생산비보다 '비싸게' 팔았기 때문에 자본가가 이윤을 얻은 것이라는 것이다. 그런데, 마르크스는 홍길동이 '잉여노동'을 했기 때문에 자본가에게 이윤이 발생한 것이라고 말한다. 시장은 근본적으로 등가교환을 원칙으로 한다. 교환이란 동등한 교환가치를 가치는 2개의 상품이 등가로 교환되는 것에 불과하기 때문에 장기적, 정상적인 교환이라면 어느 편에도 이익이 발생할 수 없다. 그렇다면, 교환 이전에 이윤의 원천이 이미 발생해 있었다고 해야 한다. 시장에서 볼펜이 '비싸게' 팔렸기 때문에 자본가가 이윤을 얻은 것처럼 보이지만, 사실은 상품은 이미 시장에 나오기 전, 즉, 생산과정에서 잉여노동을 통해 이미 비싼 가치를 증식해서 시장에 나오는 것이 된다.

상품의 교환을 통해 어느 한쪽이 이득을 본다면 다른 한쪽은 손실을 보는 것이지 교환을 통해 새로운 가치가 만들어지는 것은 아니므로 이윤의 원천은 생산과정에서 찾아야 한다고 한다. 자본주의적 생산과정에서 어떤 원리로 가치의 증식이 이루어지는 것일까? 마르크스는 필요노동과 잉여노동의 구분으로 그 원리를 설명한다. 마르크스 경제학에서 잉여노동이라는 개념은 자본가의 이윤의 원천을 밝히는 것과 자본주의적 생산양식에서는 필연적이고 구조적으로 잉여노동의 착취가 이루어진다는 것을 설명하는 데 있어 절대적으로 중요하다.

2. 상품과 가치

생산물 중에서 스스로 사용하기 위해 만든 물건은 상품이 아니다. 인간의 노동으로 만들어진 물건 중 시장에서 교환하기 위해 만든 생산물을 상품이라고 한다.

통상적 언어로, "어떤 상품의 가치가 크다, 혹은 가치가 작다"고 할 때, 그 '상품의 가치'의 의미는 둘 중 하나이다. 그것은 사용가치와 교환가치다.[8]

사용가치는 ‘쓸모’, ‘효용’을 말한다. 어떤 상품을 사려고 하는 사람이 있다는 것은 사려는 사람에게 그 물건이 쓸모가 있기 때문이다. 어떤 상품이 시장에서 다른 상품이나 화폐로 교환될 수 있다는 것은 사용가치(쓸모, 효용)를 가지고 있기 때문이다.

교환가치는 그 상품이 다른 상품과 교환될 수 있는 능력의 크기, 즉, 다른 상품과의 교환비율을 뜻하는데, 교환가치가 현실 시장에서 화폐로 표시되면 가격이 된다는 의미에서 교환가치는 가격의 객관적 표현이라고 할 수 있다. 어떤 상품의 1단위가 다른 상품 2단위와 교환되는 식으로 상품 사이에 교환되는 비율이 다르게 존재한다는 것은 상품마다 일정한 교환가치를 가진다는 것을 의미한다.

예를 들어, 어느 시기, 어느 사회에서 만년필 1자루와 볼펜 10자루가 등가로 교환될 수 있다고 가정해보자. 위 가정은 세부적으로는 2가지 뜻을 내포하고 있다. 먼저, 소비의 측면에서 볼 때, 만년필 1자루와 볼펜 10개의 가치가 교환의 측면에서 동일한 가치를 가진다는 것을 뜻한다. 이것은 처음부터 그렇게 가정한 것이다. 다음으로 생산의 측면에서 볼 때, 만년필 1자루를 생산하는데 필요한 비용과 볼펜 10자루를 생산하는데 필요한 비용이 비슷할 것이라는 추측을 가능하게 한다. 볼펜 10자루의 생산비가 만년필 1자루의 생산비보다 적게 든다면 만년필 제조자의 일부가 볼펜 제조로 옮겨가서 볼펜의 공급이 늘고 만년필의 공급은 줄어서 교환비율을

8 아담 스미스는 “가치라는 단어는 두 가지 다른 의미가 있는데, 때로는 특정 사물의 효용을 표현하기도 하고, 때로는, 그 사물의 소유가 가져다주는 다른 재화의 구매력을 표현하기도 한다. 전자를 사용가치, 후자를 교환가치라고 부를 수 있다”고 하였다.

변동시킬 것이기 때문이다. 이 때 만년필의 교환가치를 10이라고 한다면 볼펜의 교환가치는 1이 된다. 나아가, 필기구가 아닌 음식물, 예를 들어 빵 1개의 가격은 1,000원이고 볼펜 1개는 2,000원이라면, 볼펜 1개는 빵 2개와 교환될 수 있다. 그렇다면, 볼펜의 교환가치를 1로 정하면 만년필은 10, 빵은 1/2의 교환가치를 가지는 것이 될 것이다.

여기서, 볼펜과 빵은 전혀 다른 상품인데 1:2의 비율로 교환될 수 있게 되는 원리는 무엇일까? 무언가 어떤 공통점이 있고, 그 공통된 무언가의 크기를 따져서 교환비율이 정해지는 것이라고 볼 수 있다. 그렇다면, 상품들은 각기 서로 공통되는 무언가가 존재하고 그 양이 각각 상이하기 때문에 교환가치 또는 교환비율이 정해진다고 볼 수 있다. 그 무언가 본질적인 어떤 것이 모든 상품에 공통적으로 존재하면서 그 크기가 다르기 때문에 그 크기에 의해 교환비율이 정해진다고 볼 수 있다. 각 상품의 교환가치를 결정하는 보다 본질적인 어떤 것을 '가치'라고 부른다면, 그 가치의 본질은 무엇일까? 통상적인 어법으로 말하는 가치, 즉, 교환가치 또는 사용가치가 아니라, 상품에 내재된 보다 근본적인 것으로서 모든 상품에 공통적으로 존재하면서 교환가치를 결정하는 그 어떤 것을 가치라고 부른다면 그 가치의 본질이 무엇인가 하는 것이다.

앞서 본 바와 같이, 서로 다른 상품이 시장에서 일정 비율로 교환된다는 것은 상품들의 구체성에 불구하고, 즉, 외관과 성질은 서로 다르지만 '동질적인 그 무엇인가'를 기준으로 교환될 수 있다는 것을 의미한다. 그 '동질적인 그 무엇인가'를 노동가치설에서 '가치(value)'라고 부른다. 모든 상품에 '공통적인 그 무엇'은 '인간 노동의 산물'이라는 점이다. 그러므로 '가치'의 본질은 '인간의 노동의 산물'이다. 상품들의 교환가치가 각각 상이한 것은 가치가 서로 다르기 때문이고, 이는 그 상품을 생산하는 데 투여된 노동의 크기가 다르다는 것을 의미한다.[9]

'노동의 크기'는 측정할 수 있는가? 상품마다 제조하는 데 필요한 노동의 내용이 서로 다른데 어떻게 서로 다른 노동을 비교하여 '노동의 크기'를 측정할 수 있을까?

볼펜을 만드는 구체적 노동과 빵을 만드는 구체적 노동은 서로 다르기 때문에 그 크기를 서로 비교하려면 구체성을 제거하여 일정 단위로 표시될 수 있도록 환산하는 과정을 거쳐야 한다. 예컨대, 숙련노동, 정교한 작업, 전문지식이 필요한 작업 등은 단순 노동에 비해 각각 상응하는 가중치를 부여하여 단순노동으로 환산하는 과정을 거쳐야 한다. 이와 같이, 다양한 상품을 제조하는 데 투여되는 다양한 노동들에서 구체성을 제거하여 표준적인 노동으로 환산함으로써 일정한 단위로 계량을 할 수 있도록 하는 것을 '구체적 노동의 추상화'라고 한다. 구체적 상품들은 모두 서로 다른 양의 가치를 가지고 있고, 각 상품의 가치의 크기는 투하된 노동시간에 비례한다.[10] 구체적 상품의 구체적 노동시간을 위와 같이 추상화 과정을 거쳐서 추상적 노동시간으로 변환하면 상품마다 '추상적 노동시간 몇 단

---

9 스미스는 "여러 가지 물품을 획득하는 데 필요한 노동량의 비율이 물품 교환에 어떤 법칙을 제공할 수 있는 유일한 요인인 것 같다"라고 하였다. 스미스는 금이나 은도 시장에서 구매력의 변동이 있고, 화폐도 명목가치에 비해 실질가치의 변동이 있기 때문에 이들은 교환가치를 표시하는 척도로 사용하기에 부적당하다고 하면서 노동(량)이야말로 가장 정확한 가치 척도가 된다고 하고 있다. 그는 "노동만이 절대 그 가치가 변화하지 않고, 그것만이 언제 어디서나 모든 상품의 가치를 평가하고 비교할 수 있는 궁극적이고 진정한 기준이다. 노동은 상품의 실질가격이고, 화폐는 상품의 명목가격일 뿐이다"라고 하였다.

10 리카도는 "다양한 노동의 질을 고려한 '노동의 가치에 대한' 평가는 시장에서 모든 실제적 목적에 맞게 충분히 정확하게 조정되며, 그것은 노동자의 상대적 숙련과 수행되는 노동의 강도에 따라 결정된다"고 하였다.

위'라는 식으로 가치의 크기를 측정할 수 있을 것이다.

앞서의 예에서, 만년필의 교환가치를 10단위라고 할 때, 볼펜의 교환가치는 1단위가 된다는 것은 만년필 제조에 필요한 추상적 노동시간이 볼펜의 제조에 필요한 추상적 노동시간의 10배에 달한다는 것을 뜻한다. 물론, 가치와 가격 또는 교환가치는 일치하는 것은 아니다. 각 상품의 가격은 상품 시장의 수요 공급에 의해 '변동성'을 가지는 반면, 가치는 투입된 노동시간에 의해 절대적으로 정해지는 것이므로 '고정성'을 가진다. 그렇지만 가치에 비해 가격이 특별히 높거나 낮게 되면 그 상품 공급이 변동되기 때문에 결국은 가치와 교환가치 또는 가격은 서로 상관관계를 가지거나 조응하게 된다고 볼 수 있다.

모든 상품은 인간의 노동의 산물이라는 것이 유일한 공통점이고 그런 의미에서 인간의 노동만이 가치를 창출하는 유일한 것이라는 주장은 논리적으로 타당하다. (인간의 노동만이 가치를 창출하는 유일한 것이고, 가치가 교환가치의 원천이 된다는 것을 인정하더라도, '가격을 결정하는 것은 가치다'라고 할 수 있는 것은 아닌데, 이에 대해서는 후술한다.)

앞서 말한 바와 같이, 노동가치설은 아담 스미스가 주창하고 데이비드 리카도에 의해 발전된 후 마르크스에 의해 잉여가치설의 토대가 되었다고들 말하고 있으나, 이런 평가는 다소 피상적인 면이 있다.

먼저, 리카도가 다양한 노동에 대하여 숙련도나 강도를 고려하여 평가되어야 한다고 하면서 스미스의 노동가치설을 보다 발전시켰다고 말해지고 있다. 스미스가 투하 노동량을 계산할 때 노동의 숙련도나 강도를 고려하여야 한다고 명시적으로 말한 것은 아니지만, 분업으로 인한 생산량의 증대의 원인 중 하나로 분업에 따른 노동 숙련도의 향상을 들고 있는 것을 보면,

스미스 역시 숙련도와 노동강도를 고려하였다고 보아야 할 것이다.[11] 그런 점에서 리카도가 스미스의 노동가치설을 한 단계 더 발전시킨 것으로까지 평가하는 것이 타당한지는 의문이다. 오히려, 리카도는 스미스가 정립한 노동가치설에 대해 개념적인 혼란을 야기시킨 면도 있다. 그 이유를 보자.

스미스는 노동을 지역과 시간을 초월한 유일하고도 보편적인 가치 척도로 본다. 그는, "세기 단위를 기준으로 했을 때, 지불되는 은의 양이나 곡물의 양으로 각 상품의 실질가치를 측정할 수 없다"고 하고, "다만, 세기를 기준으로 할 때는 곡물이 은보다는 나은 척도이고, 한 해를 기준으로 할 때는 은이 곡물보다 나은 척도"라고 한다. "같은 시기와 장소에서 모든 상품의 실질가격과 명목가격은 정확하게 서로 비례하지만, 시간 또는 장소가 달라지면 실질가격은 달라진다"고 한다. 그런데, 리카도는, "그 자신의 가치가 결코 변하지 않는 노동이야말로 모든 상품의 가치를 언제 어디서나 측정하고 비교할 수 있게 해주는 궁극적이고 진정한 표준"이라는 "스미스의 주장은 옳을 수 없는 주장"이라고 반박한다. "한 상품의 현재 또는 과거의 상대 가치는 노동자가 노동과 교환해서 받는 상품의 상대적 수량이 아니라 노동으로 생산하게 될 상품의 상대적 수량이다"라고 하고, "상품의 가치, 즉, 그것과 교환될 다른 상품의 수량은 그 상품의 생산에 필요한 상대적 노동량에 달려 있는 것이지, 그 노동에 지불되는 보상의 크고 작음에 달려 있는 것이 아니다"라고 하였다. 리카도는 '상이한 시기를 두고

---

11 스미스는, "서로 다른 두 가지 노동 사이의 비율을 확인하는 일은 때때로 까다롭다. 두 가지 다른 일에 들인 시간만으로는 이런 비율을 결정하지 못하기 때문이다. 노동자가 견뎌낸 어려움과 발휘된 독창성이 각기 어느 정도 다른지 반드시 고려되어야 한다"고 하고 있다.

동일한 상품의 가치를 비교할 때는, 그 상품에 필요한 상대적 기능과 노동 강도에 대해서 고려할 필요가 거의 없다. 그것들은 두 시기에 동일하게 작용하기 때문이다. 한 시점에서의 한 종류의 노동이 다른 시점에서의 같은 종류의 노동과 비교되는 것이다. 1/10, 1/5, 또는 1/4이 추가되거나 감해졌다면, 그 원인에 비례한 결과가 상품의 상대 가치에 반영된다'고 한다. 이는 스미스의 이론과는 부합하지 않는다. 스미스가 노동을 유일하고 보편적인 가치척도라고 말하는 것은 장소와 시기를 불문하고 노동은 항상 같은 가치를 가진다는 것인데, 리카도는 노동의 가치척도 기능을 제한적으로만 인정하고 있다.

앞서 말한 바와 같이, 스미스와 리카도의 노동가치설을 토대로 하여 마르크스가 잉여가치설을 정립하였다. 마르크스는, 노동만이 가치를 창출할 수 있고, 상품에 구현된 노동량이 상품 간의 교환비율 내지 교환가치를 결정한다는 스미스와 리카도의 노동가치설을 기초로 하여 그 위에서 자본주의적 생산과 상품의 교환을 논할 뿐만 아니라, 마르크스의 필요노동시간이라는 개념도 그들의 이론을 기초로 도출하였다. 즉, 스미스나 리카도가 노동의 자연가격을 그 사회 노동력의 평균적 재생산비용으로 보는 것을 마르크스가 그대로 받아들여 그 위에서 필요노동이라는 개념을 도출하고 있다. 또한, 스미스가 말한 바, 상품의 가격은 임금, 지대, 이윤의 3가지를 구성요소로 하여 결정된다는 이론, 즉, 원시상태에서는 생산물을 노동자가 모두 독차지하였지만, 자본주의적 생산에서는 생산물을 더 이상 노동자가 전유할 수 없게 되고 지주, 자본가와 나누어 가지게 된다는 '상품 가격 결정요소에 관한 이론'은 마르크스의 '지불받지 못한 노동'의 이론적 근거가 되고 있다. 노동만이 유일한 가치 창출 원천인데 노동 생산물이 모두 노동자에게 귀속하는 것이 아니고 자본가에게 나뉘어 귀속 되는 것이 자본주의적 생산의 본질이라는 점에서 그러하다. 마르크스는 잉여가치설에서 노동 생산물의 가치의 일부가 자본가에게 나누어 귀속될 수밖에 없는 원리를 필요노동과 잉여노동으로 설명한다.

3. 필요노동과 잉여노동

마르크스 경제학에서 착취와 자본가의 이윤을 관련지어 설명하는 핵심적인 개념이 필요노동과 잉여노동이다. 자본가에게 고용된 노동자가 상품을 생산하면 필연적으로 잉여노동이 강제되고 그 잉여노동이 자본가의 이윤의 원천이 된다고 한다.

논리적으로 보면, 자본가의 이윤은 시장에서 생산비보다 비싸게 판매됨으로써 실현되지만, 시장은 등가교환을 원칙으로 하므로 시장에 나오기 전에, 즉, 생산과정에서 이미 그 가격에 판매될 수 있는 상품이 되어서 시장에 나온 것이다. 생산과정에서 상품이 그 정도의 가격을 가지도록 하는 가치를 내포하게 된 것은 노동인데(왜냐하면 가치의 유일한 원천은 노동이므로), 생산과정에서 노동력의 가치에 상응하는 노동(필요노동)을 넘어서는 추가적인 노동(잉여노동)이 더 행하여진 덕분에 생산비 보다 더 비싼 상품이 만들어진 것이라고 하는 취지다.

노동자가 상품생산에서 투여하는 노동은 일련의 계속되는 노동이므로 외형적, 물리적으로는 필요노동과 잉여노동으로 구분될 수 없다. 그 연속해서 행해지는 일련의 노동 가운데 일정 시각까지의 노동은 필요노동이고 그 이후의 노동은 잉여노동이라고 인위적으로 구획하는 것이다.

필요노동시간과 잉여노동시간을 획정하자면, 첫째, 사람마다 노동능력이 상이하다는 문제를 해결하여야 하고, 둘째, 구획하는 기준이 되는 시점을 정하는 방법을 찾아야 한다. 첫째 문제는 구체적 노동을 추상적 노동으로 환산하는 문제이고, 둘째 문제는 노동력의 교환가치를 산정하는 방법의 문제다.

노동자마다 능력도 다르고 하는 일도 다르며, 생산되는 상품도 제각각이므로 그런 구체적인 노동과 구체적인 상품을 서로 비교하고 계량화하기 위해서는 추상화가 필요하다는 것은 앞서 말한 바 있다. 구체적 생산물을 가치의 크기로 파악해보자. 예를 들어 볼펜 1개를 가치 10포인트, 빵 1개를 가치 3포인트, PC 1대를 가치 10만 포인트 하는 식이다. 그리고 각기 능력도 다르고 일하는 분야도 다른 노동자들의 구체적 노동을 추상화하여 서로 비교 가능한 단위로 파악해야 한다. 예를 들어, 홍길동의 1시간 노동시간은 추상적 노동시간 10포인트, 보다 숙련된 김갑동의 1시간 노동시간은 추상적 노동시간 15포인트 하는 식이다. 앞서 본 바와 같이, 가치의 본질은 노동이므로, 볼펜이 가치 10포인트이고, 홍길동의 1시간 노동시간이 추상적 노동시간 10포인트라는 것은 홍길동의 1시간 노동은 볼펜 1개를 생산할 수 있는 노동으로서의 가치를 가진다는 뜻이다.

상품은 원자재와 같은 기존 상품에 노동자의 새로운 노동이 추가되어 제조되는데, 원자재는 이미 그 가치가 정하여져 있는 것으로서 새로운 제조물에 그 가치가 전이되는 것에 불과하고, 그 위에 행해지는 노동이 새로운 가치를 증식시킨다. 원자재는 그 가치가 불변이지만 인간의 노동은 가동시간에 비례하여 가치가 커진다. 따라서 이윤의 원천은 가치를 증식시키는 노동의 일부에서 찾아야 하고, 그 일부란 필요노동을 넘어서서 수행한 노동, 즉, 잉여노동에서 찾아야 한다는 것이다. 자본가가 생산에 투입하는 원자재나 생산설비와 같은 상품은 가치가 불변인데 비하여 자본가가 임금을 주고 구입하는 노동력이라는 상품은 이를 가동함에 따라서 가치가 늘어나는 가변적 성질을 가진다. 자본가가 적은 임금으로 노동자로 하여금 장시간 노동을 행하게 한다면 그만큼 잉여노동시간이 커지는 것이고 이윤이 더 늘어나게 될 것이다. 생산수단을 소수의 자본가가 전유하고 있고 노동력은 거의 무한정한 상황에서 잉여노동은 강제될 수밖에 없고 잉여노동의 강제를 통해 자본가는 이윤을 얻을 수 있게 된다.

마르크스 경제학에서 '생산된 상품의 가치'는 [자본가가 지불한 자본의 가치] + [잉여가치]이다. 여기서, '자본가가 지불한 자본의 가치'는 원자재와 설비 등에 지불한 자본(불변자본)과 노동력을 구입하는 데 지불한 자본(가변자본)으로 구성된다.

이떤 특정 자본가가 원료와 설비를 준비한 후 그 사회 평균적 노동자를 고용하여 가치 100단위에 해당하는 어떤 상품을 생산하게 하였다고 하자. (편의상 그 사회 평균적 노동자를 고용한 것으로 한다. 즉, 그 노동자에게 지급되는 급여가 그 사회 노동력의 교환가치-필요노동에 해당하는 것으로 편의상 가정한 것이다.)

상품의 가치 100(자본 80 + 이윤 20) = 80(불변자본 50, 가변자본 30) + 20(잉여가치)가 된다. (편의상 잉여가치 20과 이윤 20을 일치하게 한 것은 이윤의 원천이 잉여가치라는 논리를 쉽게 표현하기 위한 것이다.)

편의상 교환가치가 가격과 상응하는 것으로 하면, 이 자본가는 원료와 기계 감가상각비 기타 생산비용으로 50단위를 지불하고 노동자의 급여로 30단위를 지불하여 노동자의 노동을 통해 제품 100단위를 생산하였다.

여기서 원료와 기계 감가상각비 등은 과거의 노동의 산물로 기존에 존재하는 것이고 생산과정을 통해 제품에 그 가치가 옮겨가는 것에 불과하기 때문에 이를 불변자본이라고 부른다. 100단위의 가치를 가진 제품에서 불변자본의 가치인 50단위를 빼면 나머지 50단위가 생산과정에서 노동자의 노동을 통해 새로이 창출된 가치이다. 새로이 창출된 가치 50단위에서 노동력이라는 상품을 구입하는 데 지불된 돈(임금) 30단위를 빼면 20단위라는 잉여(가치)가 남는다. 이 잉여가치를 생산하는 데 투입된 노동을 잉여노동이라고 부른다.

이 상품이 시장에서 판매되면 자본가는 잉여노동에 해당하는 부분만큼의 이윤을 얻게 된다. 그 노동자가 그 상품을 생산하는데 필요한 노동시간을 50시간이라고 가정할 때, 그 중 30시간의 노동은 임금에 해당하는 노동시간이고 나머지 20시간은 잉여가치를 생산하는데 해당하는 노동시간이다. 30시간을 필요노동시간이라고 부르고 이것을 '지불받은 노동'이라 하며, 20시간을 잉여노동시간이라고 부르고 이것을 '지불받지 못한 노동'이라고 한다. '지불받지 못한 노동'이라고 표현하는 이유는 생산과정에서 노동을 한 것은 자본가가 아니라 노동자인데 정작 노동자는 그 노동에 대한 대가를 모두 지급받지는 못한다는 의미이다. 노동자는 생산에 필수적인 수단, 즉, 자본을 소유하고 있지 않기 때문에 생산수단을 소유하고 있는 자본가에게 고용되어 저임금을 지급받을 수밖에 없고, 지급받은 임금에 비하여 훨씬 장시간의 노동(잉여노동)을 행하여야만 하며, 그 결과 노동자가 지급받은 것 이상으로 노동한 부분(잉여노동으로 창출한 가치, 즉, 잉여가치)은 자본가가 이윤으로 획득하게 된다. 이것이 자본주의사회의 생산구조라는 것이다. 물론, 자본가가 얻으려고 하는 것은 생산물이 아니라 돈이므로, 그 상품이 시장에서 판매되어 돈으로 바뀌어야 이윤이 획득되는 것이지만 그 이윤의 원천은 잉여가치, 즉, 노동자에게 임금 이상으로 더 장시간 노동하게 함으로써 창출한 가치라는 것이다.

원자재와 기타 생산비가 각각 개별 가치에 부합하는 금액으로 구입될 수 있다고 가정한다면, 그리고, 생산된 상품 또한 그 가치에 상응하는 금액으로 판매된다고 가정한다면, 자본가의 이윤은 확실히 제품의 판매가에서 임금과 나머지 생산비를 제한 금액이 되는 것은 사실이다. 그렇게 보면, 이윤의 유일한 원천이 잉여노동, 즉, 임금에 비해 상대적으로 장시간인 노동으로 인한 것으로 보일 수 있다.

노동력이라는 상품은 이미 고정된 가치값을 가지는 원재료나 설비와는 달리 가변적인 가치를 구현하는 특수한 상품이다. 그것이 노동의 사용가치(효용)이다. 쉽게 말해서 노동력은 단시간 노동을 하게 하면 적은 양의 가치를 구현하고, 장시간 노동을 하게 하면 많은 양의 가치를 구현하는 특수한 효용을 가진 상품이다. 위와 같이, 가변적 가치 창출능력이라는 특별한 사용가치를 가지는 노동력이라는 상품 역시 하나의 상품이므로 시장에서 교환될 수 있고, 그 시장을 노동시장이라고 한다. 노동력이 교환가치를 가지고 노동시장에서 자유로이 교환되려면 신분이 자유로워야 한다. 때문에 자본주의는 신분제 사회의 철폐를 요구한다. (즉, 흑인 노예를 노동자로 고용하려면 노예제도의 철폐가 필요하다.)

노동력이 일정한 교환가치를 가진다면, 필요노동시간은 어떻게 계량될 수 있을까? '필요노동시간'이라는 개념은 앞서 말한 바와 같이 노동력의 교환가치를 기준으로 하여 연속되는 노동시간 중의 일부를 구획하는 개념이다. 필요노동시간이란 그 사회 노동자들이 가족의 생계를 유지하여 노동자들 집단(노동계급)이 계속 유지되고 재생산될 수 있도록 하는데 필요한 상품(가치)을 생산하는 데 사회적 평균적으로 필요한 노동시간을 말한다. 특정 사회의 평균적 생계비와 평균적 노동생산성을 가정한다면 이론적으로는 필요노동시간을 산출할 수 있다. 그리고 잉여노동시간이란 필요노동시간을 제외한 나머지 노동시간을 말한다. 사회 평균적 생계비 역시 일정한 재화의 양을 뜻하는 것이므로 이를 생산하는데 필요한 추상적 노동시간이 이론적으로는 계산될 수 있다.

가치 1단위와 추상적 노동 1단위라는 개념을 사용한다면, 가치 1단위에 해당하는 구체적 생산물을 생산하는데 그 사회에서 평균적으로 필요한 시간으로서 추상적 노동 1단위 시간이 필요한데, 그 중 필요노동시간은 0.7단위, 잉여노동시간은 0.3 단위가 필요하다는 식의 계량이 개념적으로는 가능하다. 그 사회의 노동자들의 평균적 임금 수준은 그 사회의 필요노동시간의 길이에 조응하고, 자본가들의 이윤의 크기 또는 이윤율은 잉여노동시간의 크기 또는 필요노동시간과 잉여노동시간의 상대적 비율에 의해 정해진다고 보는 것이다.

요약한다면, 상품은 오로지 노동의 산물이고 그런 때문에 상품의 본질은 가치이며, 그 가치는 노동의 양에 의해 그 크기가 결정되어 교환가치의 원천이 되며, 그 노동의 양은 필요노동과 잉여노동의 합계이고, 필요노동은 노동력의 가치에 상응하는 것으로서 임금의 원천인데 비해 잉여노동은 노동착취, 즉, 노동력의 가치를 넘어서서 강제되는 노동으로서 이윤의 원천이 된다는 것이다.

4. 가치와 교환가치의 괴리

스미스는 가치는 교환가치의 뜻으로 사용되기도 하고 사용가치의 뜻으로 사용되기도 한다고 하면서, 가치를 교환가치의 의미로 사용하여도 무방한 것처럼 말하고 있으나, 엄밀하게 말하자면, '가치'의 의미를 '교환가치'의 의미로 사용하는 경우에조차 가치는 교환가치와는 다른 개념이다.

먼저, 생산방법의 면에서 관찰해보자. 동일한 상품을 서로 다른 생산방법으로 생산할 수 있다. 예를 들어 빵 제조 공정의 대부분을 자동화하여 생산할 수도 있지만, 순수한 수제 빵을 만들 수도 있다. 공장 제조 방법으로 생산되는 빵의 가치는 빵 제조 자체에 투하된 노동 외에 기계에서 전이되는 노동이 더하여져서 가치의 양이 계산된다.

공장에서 제조된 빵과 수제 빵이 '물리적으로 동일하다면 교환가치는 동일하다.' 교환가치란 그 상품이 그 시기 및 그 사회에서 다른 상품과 교환되는 비율 혹은 다른 상품 속에 구현된 노동량에 대한 지배력을 뜻하는데, 물리적으로 동일한 빵 2개가 각 제조방법이 다르다는 이유로 다른 상품과 교환되는 비율이 달라질 수는 없기 때문이다. 그런데, 공장에서 제조된 빵에 투하된 노동의 양과 수제 빵에 투하된 노동의 양은 생산성의 차이로 인하여 다를 수밖에 없다. 이처럼 생산방법이 다르지만 물리적으로 동일한 상품은 가치는 서로 다르지만 교환가치는 같은 것이므로 '가치와 교환가치는 일치하지 않는다'는 것을 알 수 있다.

심지어는 동일한 상품을 생산하는 노동이 전혀 종류가 다른 노동인 경우도 있다. 예를 들어, 드릴이나 연마기와 같은 공작기계에 사용되는 공업용 다이아몬드는 광산에서 노동자들의 채굴에 의해 생산될 수도 있지만, 흑연에 고열과 고압을 가하여 생산될 수도 있다. 인조 다이아몬드는 처음에는 실험실에서 생산되는 고가의 것이었지만 차츰 제조방법이 개선되어 미감과 성상에서 크게 뒤지지 않을 정도로 개선되었고 천연 다이아몬드의 3분의 1 수준의 생산비로 제조가 가능하게 되었다.

수제 빵과 공장 빵, 인조 다이아몬드와 천연 다이아몬드의 예와 같이 동일한 상품을 생산하는 구체적인 노동은 다양할 수 있다. '동일한 상품'이라는 것은 통상적으로 '효용이 동일하다'는 것과 '동일한 교환가치를 갖는다'는 것을 의미하는데, 동일한 상품을 생산하는데 투하된 노동이 상당히, 혹은, 완전히 다르다면 가치와 교환가치는 괴리될 수 있음이 분명하다.

'가치의 양'이 '교환가치'를 결정하는 원천이라는 명제와 가치와 교환가치는 괴리될 수 있다는 명제는 서로 모순되는 것이 아니다. 위 두 명제는 서로 모순되는 것이 아니라 자본주의적 생산의 발전과 관련하여 중요한 의미를 가진다. 그 괴리는 자연스러운 것일 뿐만 아니라 자본주의적 경쟁의 본질이기도 하다. 이에 대해 보자.

위의 예에서 수제 빵을 제조하는 한 기업가는 빵 1개를 생산하는 데에 추상적 노동시간 5단위가 필요한데, 한 기업가는 동일한 빵 1개를 생산하는 데에 제빵 기계의 도움을 받아 (기계의 가치를 반영한) 추상적 노동시간 2단위만 필요하다고 가정하자. 추상적 노동시간 2단위의 빵과 추상적 노동시간 5단위의 빵은 가치량이 다른 빵인데도 시장에서는 같이 취급되어 교환가치는 같다. 기술의 발전에 따라 이와 같은 현상은 빈번하게 나타나게 된다. 2단위와 5단위로 가치량이 다른 상품이 같은 교환가치(혹은 가격)로 시장에서 유통되게 된다.[12]

동일한 상품을 생산하기 위한 추상적 노동시간이 서로 차이가 날 수 있다는 것은 가치의 양은 교환가치와는 괴리될 수 있다는 것을 의미한다. 다만, 그 괴리는 항상 좁혀지는 지향성을 가진다. 상대적으로 생산성이 낮은 생산자가 경쟁을 통해 도태되는 과정이 반복되면서 그 괴리는 좁혀진다. 그럼에도 불구하고, 어떤 상품을 제조하는 기업마다 생산성이 동일하다는 것은 오히려 이례적이라고 할 것이고 기업마다 생산성이 다소라도 차이가 존재한다. 결국, 추상적 노동시간으로 측정한 가치의 양은 교환가치와는 괴리되지만, 특별히 생산성이 열악하여 이윤을 얻을 수 없는 기업가는 그 상품의 공급자에서 빠져 나가게 될 것(다른 상품을 제조하거나 망하거나)이라는 점을 감안해보면 가치의 양과 교환가치는 상관관계가 존재한다. 그렇게 보면, 교환가치는 생산방법이 다른 동일 상품들의 가치의 양의 평균적 의미(평균적 가치량)를 가지거나, 가장 열악한 방법으로 그 상품을 제조하지만 아직 도태되지 않은 생산자를 기준으로 한 가치량(최대 가치량)이 교환가치가 될 것이다. 교환가치와 가치의 괴리는 생산성의 차이에서 비롯된 당연한 귀결이다. 기업가는 시장에서의 경쟁을 위해 생산성 향상을 끊임없이 추구하여야 하고 그것이 경제발전의 중요한 동력이 된다. 동일 상품 간의 경쟁 뿐 아니라 대체 상품 간의 경쟁, 그리고, 전혀 다른 상품이지만 소비자의 주관적 선택에서 경쟁이 될 수 있는 상품 사이의 경쟁(휴가에 영화를 볼 것인가, 여행을 갈 것인가)이 자본주의사회에서 복잡하고도 끊임없이

12 스미스와 리카도는 상품의 자연가격과 시장가격이라는 표현을 사용한다. 실제 시장에서 수시로 형성되는 가격인 시장가격은 자연가격을 기초로 등락하는 것으로 파악한다. 교환가치라는 개념은 상품간의 교환비율을 뜻하는 것이고, 그 교환비율은 상품 간의 자연가격의 비율과도 거의 일치하지만, 교환가치가 자연가격인 것은 아니다. 교환가치가 결정되는 원리와 자연가격(시장가격이 장기적으로 지향하는 가격)이 결정되는 원리는 서로 다르기 때문이다.

이루어진다. 경쟁에서 승리하기 위해 기업가는 항상 가치의 양에 비해 교환가치가 큰 상품을 생산하기 위한 경쟁을 하여야 하며, 그것은 다양한 측면에서 이루어진다. 신상품의 개발, 값싼 원료의 조달, 생산성의 향상, 기계화, 자동화, 기술의 개발 등의 경쟁이 치열하게 이루어진다.

여기서 이윤의 원천의 하나가 발견된다. 가치와 교환가치의 차이, 즉, 생산성이 우수한 특정 자본가가 해당 상품의 가치와 교환가치(평균적 가치량 혹은 최대 가치량)과의 차이로 인하여 이윤을 얻을 수 있다는 점이다. 자본주의적 경쟁의 동기 중 하나다.

위에서는 수제 빵과 공장 빵을 제조 공정만으로 비교하였다. 실제의 경제적 문제는 더욱 복잡하다. 우선 유통이라는 과정이 개입된다. 더 나아가 보면 근거리 유통과 원거리(무역) 유통의 문제가 있다. 소비시장이 서울이라고 가정할 때, 경기도에서 빵을 생산하는 기업에 비해 제주도에서 빵을 생산하는 기업은 동일한 가치량을 가진 빵을 생산하더라도 교환에서 불리하게 된다. 나아가, 원거리 유통은 그 정도를 더 심화시킨다. 저개발국가의 값싼 노동력을 이용하여 빵을 제조하는 기업이 서울에 빵을 공급하는 경우에 운송비를 감안하더라도 가격 경쟁력에서 월등하게 유리하다고 가정하자. 그것은 2가지 방향으로 영향을 미칠 것이다. 한편으로는 국내 빵 제조에서 생산력이 낮은 기업가를 경쟁에서 밀려나게 하는 영향을 미칠 것이다. 다른 한편으로는 저개발국가의 노동력에 대한 수요를 증가시키게 되어 그 국가의 노동력의 구매가격을 인상시키게 되는 영향을 미치게 된다. 그 저개발국가의 노동력에 대한 구매가격을 인상시키지 않으려면 물리적 억제력이 필요하고, 그것은 식민지 획득 경쟁과 제국주의를 낳는다.

요약한다면, 교환가치는 각 상품의 평균적 가치 또는 최대 가치를 기초로 하여 결정되며, 구체적 상품들의 가치는 각 상품마다 생산방법에 따라 투하된 노동량의 크고 작음이 있기 때문에 가치와 교환가치는 서로 일치하는 것이 아니라 괴리되는 것이고, 그 괴리는 자본주의적 경쟁을 초래하는 동기가 되며 자본주의는 그러한 경쟁을 통해 성장한다고 할 수 있다.

5. 필요노동과 잉여노동을 구분하는 의미와 근거

마르크스 경제학에서 이윤의 원천을 추론하기 위하여 사용했던 필요노동과 잉여노동의 구분이 유의미하고 또한 타당한 근거를 가지고 있는 것일까? 자본가의 이윤은 제품의 판매가에서 임금과 제반 생산비를 제한 나머지 금액이라는 것은 당연한데, 마르크스 경제학에서는 '임금' 부분을 필요노동에 대응시키고 '이윤' 부분을 잉여노동에 대응시키는 셈이다. 예컨대, 8시간의 노동은 물리적으로 구분되지 않고 연속되는 시간인데 그 중 5시간을 필요노동시간이라 부르고, 나머지 3시간을 잉여노동시간이라고 부르는 것이다.

논리적 타당성은 우선 별론으로 하고, 마르크스 경제학적 관점에서 물리적으로는 구분되지 않는 연속적인 노동시간을 필요노동시간과 잉여노동시간으로 인위적으로 구획하는 의도는 분명하다. 임금을 올리면 이윤이 줄어들고 임금을 낮추면 이윤이 늘어난다고 설명하는 것, 즉, 자본가와 노동자는 이해가 상반되는 관계라는 것, 노동자의 이익은 자본가에게 손해가 되고, 자본가에게 이익이 되는 것은 노동자에게 손해가 된다는 것, 그러므로, 자본가와 노동자는 서로 적대적인 관계라는 점을 설명할 수 있다는 점이다. 거기에 그치지 않는다. '지불받지 못한 노동'은 '정당하게 지불받아야 할 것을 지불받지 못하였다'는 것을 말하는 것이므로 정당성, 당위성을 말한다. 곧, 저항의 필요성과 당위성을 말한다. 사회주의 혁명의 가능성(노동자와 자본가는 서로 대립할 수밖에 없는 적대적인 계급 관계라는 것)과 사회주의 혁명의 정당성(부당하게 빼앗기는 관계를 종식시켜야 한다는 것)이라는 중요한 2가지 주장을 내포하고 있는 것이다.

노동자의 총노동시간 = 필요노동시간 + 잉여노동시간

위 산식을 무심코 바라보면 아무런 문제도 없어 보이고, 또한 '지불받지 못하는 노동'이 항상 존재하는 것처럼 보일 수 있다. 그런데, 당연한 것처럼 보이는 위 산식에 대해 의문을 가져볼 필요가 있다.

'필요노동시간'은 당연히 플러스(+) 값을 가지겠지만, 잉여노동의 값이 '0'이 되거나 혹은 '마이너스(-)'값이 되는 일은 없을까?

잉여노동이 항상 플러스 값을 가진다면, 앞서 말한 사회주의 혁명의 가능성과 정당성, 즉, 노동자와 자본가는 서로 대립할 수밖에 없고, 사회주의 혁명은 노동자가 부당하게 빼앗기는 관계를 종식시켜야 한다는 마르크스주의 이념의 중요한 토대가 될 수 있을 것이다. 그런데, 만일, 잉여노동이 항상 플러스 값을 가지는 것이 아니라 마이너스값을 가질 수 있다고 한다면? 경우에 따라서는, 자본가 덕분에 노동자는 조금 일하고도 보수를 충분히 받을 수도 있는 것이 되고, 지불받지 못한 노동이 없게 될 수도 있다는 것이 되는데, 그렇다면, 서로 적대적인 관계도 아니게 되고, 부당하게 빼앗기기만 하는 관계도 아니어서 사회주의 혁명을 통해 회복하여야 할 정당한 관계도 존재하지 않는 것이 될 것이다.

6. 가치와 가격의 괴리

앞서, 교환가치와 가치의 관계(괴리)에 관하여 살펴보았다. 그것은 특정 시점에서 서로 다른 산업들 사이, 서로 다른 상품들 사이, 생산성에서 차이가 있는 동종 상품 사이에서 발생하는 가치와 교환가치의 괴리에 관한 것이다. 그 괴리의 정도에 따라 이윤율이 달라지고 그에 따라 자본과 노동의 이동이 발생하며, 그것은 자본주의적 경쟁과 성장의 중요한 동력이 된다.

이번에는 가치와 가격의 관계, 즉, 가치가 시장에서 가격으로 실현되는 원리에 관해 살펴보자. 필요노동과 잉여노동이라는 마르크스의 구분이 합리적인 근거를 가지고 있는 것인지를 살피기 전에 그 전제로 삼은 개념들을 확인할 필요가 있다.

교환가치란 어떤 상품이 다른 상품과 교환되는 비율을 말한다. 그 교환 비율의 결정에서 주된 요인은 각 상품에 구현된 노동량이다. 일시적 주관적 요인을 배제한다면 교환이란 등가 교환, 즉, 같은 가치량 사이의 교환이다. 상이한 상품은 노동에 의해서 생산된다는 것 외에는 서로 공통점이 없으므로 상품의 등가교환이란 상이한 상품들에 내재된 노동량의 비율에 따른 교환을 의미한다. 노동가치설은 1단위 노동량(혹은 노동시간)으로 생산된 상품 2개는 2단위의 노동량으로 생산된 상품 1개와 교환된다고 본다. (단순화를 위해 가치와 교환가치의 괴리를 고려하지 않기로 한다.)

물물교환의 불편을 해소하기 위해 교환수단이 필요하였고 이에 곡물, 금, 은, 그리고, 지폐가 화폐로 사용되게 되었다. 스미스에 따르면, 곡물, 금, 은은 물론이고 화폐도 그것으로 교환될 수 있는 상품의 양은 수시로 달라지는 것이므로 상품의 실질가치를 정확하게 측정하는 척도가 되는 것이 아니다. 오로지 노동(량)만이 상품의 실질가치를 측정할 수 있는 유일하고 정확하며 시대를 초월한 보편적인 척도라고 한다.

교환가치는 시장에서 가격으로 현실화한다. 다만, 화폐의 수량은 정확한 가치 척도가 아니라는 것은 앞서 말한 바와 같다. 이 말은 같은 상품에 관하여 지역에 따라 가격이 다를 수 있고, 같은 지역 내에서도 오늘의 가격과 내일의 가격이 달라질 수 있다는 의미이다. 화폐의 명목가치의 변동을 고려하지 않기로 하고, (즉, 같은 시기, 같은 지역에서) 교환가치 1단위에 해당하는 노동시간으로 생산되는 상품의 가격이 100원이라면, 2단위의 노동시간으로 생산되는 상품의 가격은 200원이 된다.

한편, 스미스에 의하면, 가격은 실제 시장에서 수시로 변동하는 가격인 시장가격과 이론적으로 도출되는 가격인 자연가격이 있다. 자연가격은 생산에 필요한 각종 생산비가 그 사회의 자연율에 따라 형성된다고 가정할 경우에 그 자연율에 따른 생산비를 모두 합한 금액에 자연율에 따른 이윤을 더한 금액이다.[13] 농산물의 경우를 예로 들면, 그 작물을 생산하는데

---

13 스미스는 자연가격을 '어떤 사회 혹은 지역에서 노동과 자본의 각 다른 투자에서 통용되는 임금과 이윤의 일반 혹은 평균 비율이 있게 되고, 마찬가지로 사회적 자연적 요인에 의한 일반적인 지대의 비율이 있는데, 그런 비율을 그 시기와 지역의 임금, 이윤, 지대의 자연율이라고 하고, 어떤 상품이 팔려나가는 가격이 그 상품의 제조에 들어간 지대, 임금, 이윤을 각 자연율에 따라 지급하는 것이라면 그 상품은 자연 가격으로 팔리는 것이다'라고 하고 있다.

지출되어야 하는 자연율에 따른 '토지의 지대', '농업노동자의 임금', '농기구와 비료의 가격'에 '자본가가 지출하는 총생산비에 대한 자연율에 따른 이윤'을 더한 금액이 자연가격이다. 자본과 노동의 이동이 자유롭다면, 시장가격이 자연가격 이상으로 형성되어야만 지주, 노동자, 자본이 다른 상품 생산으로 이동하지 않을 것이므로, 장기적으로는, 시장가격은 자연가격을 최소한으로 하여 자연가격에 가까운 수치로 형성된다. 즉, 장기적으로는 시장가격은 자연가격을 지향한다.

스미스에 의하면, 시장가격을 결정하는 것은 유효수요, 즉, 구매력을 동반한 수요다. (걸인이 보석을 구입하고 싶어 하는 욕망은 유효수요가 아니다.) 시장에 공급된 상품의 양이 유효수요에 미달하면 수요자 사이에 경쟁이 유발되어 그 상품을 구입하기 위해 더 돈을 내려는 사람이 생기므로 시장가격이 등귀하고, 반대로 공급량에 비해 유효수요가 부족하면 공급자 사이에 더 싸게라도 팔려고 하는 경쟁으로 시장가격이 하락한다. 시장가격이 자연가격보다 높으면 자본은 그 상품을 더 생산하기 위해 유입되어 공급을 늘리게 되고 그로 인해 시장가격을 끌어내리므로 장기적으로 시장가격은 자연가격을 지향하게 된다는 것이다. 원시적 상태에서의 상품 교환은 그 상품을 생산한 노동자가 생산물을 모두 소유하는 것이었지만, 자본의 축적과 토지의 사유화가 발생하게 되면 노동자는 생산물을 전유할 수 없고 지주와 자본가와 함께 나누어야한다. 그리하여, 생산물은 지대, 임금, 이윤으로 지주, 노동자, 자본가에게 나뉘어 귀속된다. 지주는 생산에 관여하지 않고 노동자와 자본가만 생산에 참여하는 제조상품으로 좁히면, 자연가격은 [평균적 임금]+[(불변)자본]+[평균적 이윤]으로 된다는 것이다.

위와 같은 스미스의 이론을 보면, 그는 교환가치를 결정하는 것이 투하된 노동이라고 하면서도 가치 혹은 교환가치를 가격과 직접 연결시키지는 않고, 가격은 시장에서 공급과 유효 수요에 의해 결정되는 것으로 설명함으로써 교환가치와 가격은 마치 별개로 결정되는 것처럼 다룬다. 교환가치는 투하 노동량에 의해 정해지는데, 가격은 유효수요에 의해 정해진다고 하는 것이다. 다만, '노동은 상품의 실질가격이고, 화폐는 상품의 명목가격'이라고 말하고 있다는 점에서 가치와 가격과의 관계를 실질과 명목의 관계로 설명하는 것으로 보인다.

상품의 가치의 원천은 오로지 노동이라고 하였는데, 노동 생산물이 노동자에게 전유되지 않고 그 일부가 자본가에게 이윤으로 분배되므로 그 자체로 노동의 착취가 발생하는 것으로 볼 수 있을까? (마르크스의 이론은 그와 같은 견해로 볼 수 있다.) 결론부터 말하자면, 그것만으로 노동의 착취라는 결론을 도출하는 것은 논리적 흠이 있다. 노동 생산물이 자본가에게 나뉘어 귀속된다는 것 자체가 노동 착취를 의미하는 것처럼 생각되어지는 것은 교환가치가 그대로 가격으로 전화하는 것으로 오해하는 데서 비롯된다.

우선, 교환가치는 그 시기에 그 사회의 상품 사이의 교환되는 특정 비율이지 특정 금액이 아니다. 이에 비해 자연가격 또는 이를 지향하는 시장가격은 그 사회의 상품시장에서 거래되는 상품의 특정 금액이다. 앞서, '원시 상태에서는 노동 생산물을 이를 생산한 자가 전유하지만, 자본축적과 토지 사유화가 발생한 이후에는 생산물을 노동자가 모두 가질 수 없고, 노동자, 지주, 자본가에게 분배된다'고 하는 스미스의 설명은 다소 부정확한 표현을 담고 있다. 분배되는 것은 노동생산물 자체가 아니라 그 상품이 시장가격(혹은 자연가격)으로 판매된 판매대금이다. 그 판매대금 중 노동자에게 배분되는 금액이 만일 적정하다면 노동착취라고 단정할 수는 없다.

노동생산물 자체를 나누는 것으로 이해하면 노동착취는 필연적인 것이 되는데, 시장가격에 의한 판매대금을 자본가와 노동자 사이에 나누는 것으로는 이해하면 노동착취가 필연적인 것은 아니다. 이러한 설명이 언어의 유희처럼 보일지도 모른다. 그런데, 그렇게 생각하는 것은 상품의 가치를 가격과 사실상 동일시하는 데서 비롯된다.

상품의 가치와 시장 가격은 결정되는 원리가 다르다. 쉽게 말해서 상품은 가치대로 팔리는 것이 아니다. 가치는 노동량에 의해 결정되는 것이지만, 상품의 시장가격은 유효수요에 의해 결정되며 자연가격을 최소한으로 한다. 다시 말해서, 생산비에 평균적 이윤(혹은 자연율에 따른 이윤)을 더하여 자연가격이 결정된다. 장기적으로는 상품은 가치 이상으로 판매되어야만 적정 이윤을 자본가가 수취할 수 있기 때문에 자연가격은 통상적으로 가치 이상으로 형성된다. 가치 이상으로 형성될 수 있는 이유는 자본주의적 생산의 발전으로, 한편으로는 자본이 축적되지만, 다른 한편으로는 자산의 축적이 이루어져서, 유효수요는 (적어도 잠재적으로는) 공급에 비해 항상 넉넉하기 때문이다. 장기적으로는 자본가들이 자연가격 이하로는 상품이 공급되지 않도록 생산한다. 바꾸어 말하자면, 장기적으로는, 공급되는 상품양을 조과하는 (현실적) 유효수요가 존재하도록 공급이 조정되는 것이 자본주의의 일반적인 현상이다. 발전된 자본주의 시장에서 보편적, 장기적으로는 상품은 그 가치 이상으로 판매된다.

장기 텀에서 어떤 상품이든 가치 이상으로 판매되는 것이 보편적인 현상이 된다는 의미는 일반적으로 상품은 그 상품의 자연가격으로 지배할 수 있는 노동량이 그 상품에 구현된 노동량보다 크다는 의미다. 예를 들어, 10시간의 노동으로 생산된 상품을 시장에서 판매하면 12시간의 노동으로 생산된 상품을 살 수 있다는 것이 된다. 그 차이인 2시간의 노동은 이미 과거에 축적된 자산을 토대로 기꺼이 그 상품을 구매하고자 하는 수요자에 의해 제공된다.

그리고 그 이유는 그렇게 가격이 형성되도록 공급이 조정되어 생산되기 때문이다. 가격이 일반적으로 가치 이상으로 형성될 수 있는 조건은 잠재적 유효수요의 충분성이다. 자본주의적 생산의 발전으로 자본의 축적과 자산의 축적이 이루어져서 유효수요는 공급에 비해 항상 넉넉하게 되고, 그런 자연가격을 조건으로 하여 생산과 공급이 조정되기 때문이다.

발전된 자본주의 하에서는 보편적으로 상품의 자연가격이 그 상품의 가치 이상으로 형성된다고 할 수 있고, 이것을 '가치와 가격의 괴리현상'이라고 부를 수 있다. 자본주의의 발전에 따른 축적은 자본과 자산의 축적이고 유효수요의 점진적 증가를 의미한다. 자본주의의 발전으로 사회적으로 자산이 축적되어 잠재적 유효수요가 증가함으로써 가격이 가치 이상으로 실현될 수 있는 시장조건을 만들고, 그 가능성을 현실화시키는 것은 공급의 조정이다. 현실의 생산은 실제적 유효수요에 비해 공급이 부족하게 조정되고, 그 결과 상품의 자연가격은 일반적으로 가치를 초과하도록 형성된다.

앞서 본 가치와 교환가치의 괴리는 특정 시기에서 관찰되는 현상이고, 여기서 본 가치와 가격의 괴리는 장기 텀에서 관찰되는 현상이다. 이 가치와 가격의 괴리 현상은 노동이 어느 시기에나 보편적인 가치 척도라는 스미스의 노동가치설에서 정당하게 추론될 수 있고, 이에 대한 리카도의 반박이 부적절함을 보여준다.

상품의 자연가격이 일시적인 것이 아니라 일반적으로 가치를 초과하여 형성된다고 주장한다면, 그러한 주장은 등가교환의 원칙에도 위반되고,

투하노동량에 의해 정해지는 가치가 교환가치의 원천이 된다는 원칙에도 위반되고, 나아가, 교환가치의 일반원칙, 즉, 상품 사이의 교환비율은 각 상품에 구현된 노동량에 비례한다는 원칙에도 위반되는 설명인 것으로 보일 수 있다. 먼저, 등가교환의 원칙에 반하는가를 보자. 등가교환은 물물교환에서는 그대로 적용되지만 화폐를 매개로 하는 경우에는 상품과 화폐를 비교하여서는 아니 되고, 교환으로 내놓는 상품과 그 상품으로 교환한 화폐로 장악하게 되는 다른 상품을 비교하여야 하므로 두 상품 사이에 자연율이 같다면, 교환되는 상품 사이에는 같은 노동량을 교환하는 것이 되므로 등가교환의 원칙에 위반되지 않는다. 둘째로, 가치를 초과하여 자연가격이 형성되는 것이 가치가 교환가치의 원천이 된다는 원칙을 위반하는지를 살펴보면, 앞서 말한 바와 같이, 가치와 교환가치는 완전히 일치하는 것이 아니라 본래 일정한 괴리가 있는 것이므로 가치에 일정한 비율의 부가물이 있다고 하여 문제될 것이 없다.

마지막의 것, 즉, 상품 사이의 교환비율은 각 상품에 구현된 노동량에 비례한다는 원칙에 위반되는가 하는 것에 대해서는 살펴 볼 점이 있다.

스미스는, “모든 사회의 상품 가격은 임금, 이윤, 지대의 세 요소 중 일부 또는 전부로 구성되고, 사회 전체의 연간 노동 생산물은 임금, 자본, 이윤으로 나누어져 모든 수입의 원천은 이 세 가지 중 하나에서 나온다”고 하고, “한 가지 주의할 사항은 가격의 모든 다른 구성요소의 실질가치는 각 요소가 구매하거나 장악할 수 있는 노동량에 따라 측정되며, 노동은 임금으로 귀속되는 가격 부분의 가치뿐만 아니라 지대의 가격 부분과 이윤의 가격 부분의 가치도 측정한다”고 한다. 이는, 토지나 다른 자본의 개입 없이 노동으로만 생산되는 상품에 국한하여 투하노동량이 교환가치의 척도가 되는 것이 아니라, 자본가에 의한 토지 생산물과 같이 지주와 자본이 개입되어 생산된 상품들의 자연가격 사이에도 투하노동량에 따른 교환비율이 결정된다는 취지로 해석되는데, 그 근거에 대해서는 설명을 덧붙이지 않고 있다. 스미스가 상품의 교환가치, 즉, 상품간의 교환비율은 투하된 노동량에 비례한다고 한 것은 완전한 자유(perpect liberty)를 전제로 한 것인데, 이것은 모든 사람이 직업을 자유로이 선택하고 또 언제나 직업을 바꿀 수 있는 사회적 조건 하에 있고, 보다 높은 이윤율을 찾아 자본가가 각 상품 생산 부문 및 산업부문 간에 자유로이 이동할 수 있는 사회적 조건이 충족되며 경쟁을 방해하는 어떤 요소도 없는 것을 의미한다. 이러한 완전한 자유 하에서는, 상품의 가치를 결정하는 유일한 원천이 노동이고, 등가교환의 원칙에 따라 같은 노동량을 기준으로 교환이 성립하므로 상품별 가격은 투하노동량에 비례한다. 일시적 주관적 요인을 배제하면 그 가격은 자연가격이고 그 자연가격은 임금, 지대, 이윤으로 분해된다. 상품들의 자연가격이 가치 이상으로 형성된다고 하더라도, 상품들 사이의 상대적 가격이 노동량의 비율을 반영하는 것이라면 노동가치설에 반하는 것이 아니다. 완전한 자유의 조건에서, 투입된 자본에 대한 이윤율이 상품마다 균등하다면 그 비율이 달라질 것은 없다.

상품이 교환가치대로 판매되는 것이 아니고 그 보다 높게 형성된 (자연)가격으로 판매되는 것이 사회적 조건에 따라서 혹은 자본주의적 생산의 발전에 따라서 일반적인 현상이 될 수도 있다면, 그 판매대금이 임금과 이윤으로 분배되었을 때, 그 분배된 임금이 그 상품에 부가한 노동의 가치에 미달하는 경우에는 노동의 착취가 필연이 될 수 있지만, 그렇지 않다면, 그 상품의 판매대금이 모두 노동자에게 귀속하지 않고, 자본가에게 이윤으로 분배되는 것만을 가지고 곧바로 노동착취가 일어난다고는 단정할 수는 없게 된다. 어떤 상품의 가치보다 교환가치가 높고, 더 나아가, 실제적 유효수효가 커서 가격은 더 높게 실현된다면 판매대금 중 노동자에게 분배된 임금이 그 노동자가 실현한 가치보다 클 수도 있다는 것이다. (마이너스 값의 잉여노동) 따라서, 노동 착취의 문제는 자본주의적 생산에서 논리적으로 필연적인 현상이라고 단정할 것이 아니라, 노동착취의 본질은 무엇이고 노동착취를 해소하는 것이 자본주의적 생산에서 가능한 것인지를 그 자체로 검토할 필요가 생긴다. (이에 관하여는 제3장에서 공정한 분배의 문제로 서술한다.)

7. 노동력의 교환가치

마르크스 경제학에서 필요노동시간이라는 개념은 어느 사회의 평균적인 노동력 재생산비를 기초로 하는 것이다.[14]

그런데, 그 개념은 자본주의 초기의 산업구조와 연관되어 형성된 것이다. 자본주의 초기의 노동시장은 극단적인 공급과잉의 시장이다. 일하려는 사람은 거의 무한정하고 고용하려는 자본가는 소수여서, 수요에 비해 공급이 넘쳐나는 시장이다. 이러한 시장에서는 노동력의 가격, 즉, 임금은 최저생계비 또는 그 이하에 머무르게 된다. 노동력의 재생산, 즉, 근로자와

14 리카도는 "사고 팔리며 수량이 증가하거나 감소할 수 있는 다른 모든 것들과 마찬가지로 노동에도 자연가격과 시장가격이 있다. 노동의 자연가격은 대개 노동자들이 생존하고 자신들의 씨족을 늘리거나 줄이지 않고 존속시키는데 필요한 가격이다"라고 하고 있다.

그 가족을 부양하는데 소요되는 재화의 양을 생산하는데 사회적 평균적으로 소요되는 노동시간의 양이 필요노동시간이다. 그렇다면, 실제로 가동한 노동시간에서 필요노동시간을 공제한 나머지가 잉여노동시간이 될 것이다. 노동력이라는 상품에 대한 수요에 비해 공급이 현저히 많아서 최저생계비 수준에 머무르는 자본주의 초기에는 노동력의 교환 가격은 거의 일정한 상수가 되고[15] 필요노동시간을 고정값으로 산출하는 것이 가능할 수 있다. 그 고정값 혹은 고정비율을 제한 나머지가 잉여노동시간이 된다.

초기 자본주의사회에서 노동력 공급이 과다한 노동시장을 전제로 하는 경우에는 노동자의 임금 수준은 매우 열악하여 생존에 필요한 최저한도에 머물게 된다. 자본주의가 발전하면, 우리가 현실에서 목격하는 바와 같이, 임금이 상승하여 노동자들도 예금을 하고 재산을 모으고 일부 노동자들은 소생산자 혹은 자본가로 전화하기도 한다.

여기서 자연스럽게 드는 생각은 "자본주의가 발달하여 아무리 임금수준이 높아지더라도 잉여노동시간은 줄어들어 0에 가까워질 수는 있을지언정 일반적으로 이윤이 마이너스값이 될 수는 없다. 왜냐하면 이윤이 마이너스가 되지 않으려면 잉여노동이 반드시 플러스 값을 가져야 하기 때문이다." 이런 생각이 들 수 있을 것이다. 그런 생각이 당연한 것처럼 보이지만, 가치와 가격 사이의 격차가 심화되어, 잉여노동시간에 해당하는 가치를 넘을 정도로 격차가 발생하면, 가치와 교환가치의 차이 및 교환가치와 가격의

15 스미스와 리카도는 자본의 이윤과 관련하여 노동자들의 생계비에서 중요한 비중을 차지하는 곡물가의 변동에 큰 관심을 보인다. 일정한 곡물가격을 가정하면 노동의 자연 가격은 상수나 다름없게 된다. 몇 파운드의 자본으로 자재를 구입하고 몇 파운드의 자본으로 노동자 몇 명을 고용하여 생산하는가 하는 식으로 이윤을 계산한다.

차이로 인하여, 임금수준에 따라서는 잉여노동이 마이너스 값을 가지는 경우도 발생할 수 있다. 다시 말해서, 그 노동자가 수행한 노동의 가치 전부를 넘는 넉넉한 임금을 주더라도 이윤이 발생하는 것도 가능하다.

스미스, 리카도, 그리고, 마르크스는 모두 노동의 자연 가격이 사회적 평균적 노동력 재생산비라는 것을 전제로 하고 있다. 리카도는 "높은 임금이 인구 증가를 자극해 노동자의 수가 증가하면 임금은 다시 그 자연 가격으로 하락하며, 실제로는 반작용 때문에 그 이하로 하락하기도 한다. 노동의 시장 가격이 자연가격 이하가 되면 노동자들의 조건은 아주 초라해진다. 즉, 빈곤은 이들에게서 관습상 절대적 필수품으로 인정되는 편의품들을 박탈한다"라고 하고 있다. 그 사회의 노동자들의 생필품과 그 사회 수준에서 관습적으로 형성된 편의품들의 합계가 노동력의 자연가격이라는 것이다. "노동의 자연 가격은 공급 대 수요 비율의 자연적인 작동으로 노동에 실제로 지불되는 가격이고, 노동이 희소할 때는 비싸고 풍부할 때는 싸다. 노동의 시장 가격이 노동의 자연 가격에서 아무리 벗어난다고 하더라도 그것은 다른 상품들처럼 자연 가격과 일치하려는 경향이 있다"고 한다. 그런데, "사회의 진보 속에서 노동의 임금은 하락하는 경향을 띠는데, 그것은, 노동자의 공급은 동일한 비율로 계속 증가하는 반면, 노동자에 대한 수요는 더 느린 비율로 증가할 것이기 때문"이라는 것이다.[16]

장기적으로, 노동력의 자연 가격의 하한이 노동력의 재생산비(노동자가

16 리카도는 (인구 증가로 임금이 하락하더라도), 임금도 모든 계약과 마찬가지로 자유로운 시장의 경쟁에 맡겨져야 하고, 입법적으로 규제하면 노동자와 자본가 모두에게 해로운 것이라고 주장한다. 그는 구빈법의 폐해에 관하여는 맬서스(『인구론』의 저자)가 훌륭한 능력으로 명백하게 밝혀내었다고 칭찬을 아끼지 않는다.

아이를 낳고 가족을 유지하고 생활하는 데 필요한 생필품과 그 사회의 관행으로 된 편의품의 합계)라는 것은 수긍할 수 있다. 그러나 노동력 역시 다른 상품과 마찬가지로 소위 노동력의 재생산비라는 자연가격을 지향하는 경향을 가진다는 주장은 역사적 경험과 부합하지 않는다. 사회 평균적 임금이 노동력의 재생산비 수준에 머무르는 것은 산업화 초기의 현상에 그친다.

노동의 자연 가격이 사회적 평균적 노동력 재생산비라는 것을 전제로 하고, 노동의 시장 가격 역시 다른 상품과 마찬가지로 장기적으로 자연 가격을 지향한다는 전제 위에서 보면, 필요노동시간이라는 개념은 매우 필요하고도 유용한 개념으로 보일 수 있다. 그러나 실제로는 자본주의 발전과정에서 가치와 가격은 괴리되고, 노동의 자연 가격은 노동력 재생산비를 하한으로 할지언정 자연 가격을 지향하는 경향성을 보이는 것이 아니다.

노동의 가격은 노동시장의 유효수요에 의해 결정되고 자연가격을 지향하는 것이 아니어서, 노동의 시장가격이 자연가격을 지향하는 것을 전제로 한 필요노동이라는 개념은 자본주의적 생산과 분배의 구조를 설명하는데 있어 유의미한 도구가 되기 어렵다.

8. 가치와 가격의 격차는 장기적으로 심화되는 경향성을 보인다.

가치와 교환가치는 상관관계를 가지지만, 서로 일치하는 것은 아니고 괴리되며 그 괴리의 정도는 다양할 수 있다고 앞서 설명한 바 있다. 이것은 특정 시점을 기준으로 한 설명이다.

장기간을 두고 관찰할 때, 가치와 가격(혹은 교환가치) 사이의 괴리는 점점 심화되는 현상이 나타난다.

앞서 말한 '가치와 교환가치의 불일치'는 시점을 고정한 관찰조건에서 산업부문 사이, 동종 산업의 이종 상품 사이, 생산성이 다른 동종 상품 사이에서 가치와 교환가치의 불일치의 정도, 즉, 괴리의 정도가 각기 상이하다는 것이었다. 이에 비해, 여기서 말하는 '가치와 가격의 괴리 심화 경향'은 시점을 달리한 관찰조건에서 과거 추상적노동시간 1단위가 가격 1단위로 표시되었다면 현재는 가격 2단위로 표시되고 미래에는 가격 3단위로 표시되는 것과 같이 점점 차이가 심화된다는 의미이다. 전자를 횡적 비교라고 한다면, 후자는 종적 비교라고 할 수 있다.

자본주의의 발전에 따라 장기적으로는 가치와 자연가격은 점점 멀어지는 특징을 가지며, 현대 자본주의 하에서는 일반적으로 상품은 가치보다 비싸게 거래되는데 그 격차는 점점 커지는 경향을 보이게 된다.

자본주의가 발전할수록 상품이 가치에 비해 비싸게 팔리는 현상을 '가치와 가격의 격차 심화 경향'이라고 부를 수 있다.

상품의 가치가 가격으로 전환하는 것은 시장에서 교환을 통해 이루어진다. 일반화할 경우에, 가치가 큰 상품은 보다 높은 가격, 가치가 적은 상품은 보다 낮은 가격에 상품시장에서 교환되게 된다. 왜냐하면 가치에 비해 특별히 높은 가격이 형성되는 상품은 이윤율이 높기 때문에 장차 그 상품의 제조에 더 많은 자본이 유입되게 되고 그 결과 공급량 증가로 가격이 하락하는 추세가 되고, 반대로, 가치에 비해 특별히 낮은 가격이 형성되는 상품은 장차 그 상품의 제조가 감소하여 그 결과 공급량의 감소로 가격이 상승하는 추세를 보이게 되기 때문이다. 그래서 가치와 가격은 서로 조응하게 된다고 말한다. 그런데, 실제로는, (장기 텀에서) 상품은 자연가격 이하로 공급되지 않는다. 즉, 공급은 자연 가격 이상으로 가격이 형성될 수 있을 만큼 조정되어, 일반적으로 공급은 유효수요에 비해 부족하다. 이론적 혹은 잠재적 공급량과 실제적 공급은 다르다. 충분한 이윤이 기대되지 않는 상품은 생산 자체가 이루어지지 않는다. (자본주의는 호황, 침체, 불황 등 경기 변동을 겪고, 수요예측의 어려움이나 과당 경쟁으로 인하여 과잉생산에 의한 인플레가 발생하는 것은 비일비재하다. 상품이 유효수요보다 적게 생산된다는 의미는 자본주의 발전의 장기 텀에서의 경향성을 말하는 것이다.)

상품은 생산비와 이윤을 충족할 수 있을 정도로 가격이 형성될 수 있도록 조정되기 때문에 가치의 가격 전환이 이루어지는 상품시장에서는 일반적으로 가치 이상으로 가격이 형성되는 강한 경향성이 있다. 말하자면 어떤 상품의 가치 10단위는 가격 11단위로 판매되는 것이다. 일반 상품만 그러한 것이 아니고, 노동시장의 노동 가격 또한 그러하다.

A라는 상품을 제조하는 데 원자재 a, 원자재 b가 필요하고 한 노동자가 위 두 원자재를 조립하여 그 상품을 제조한다고 가정해보자. 원자재 a는 추상적노동 30시간, 원자재 b는 추상적 노동 20시간으로 제조되는데, 가격은 가치 이상으로 형성되어, 기업가가 a를 33단위 가격으로 구입하고 b를 22단위 가격으로 구입하였고, 노동자의 추상적노동 1시간당 시급은 그보다 높은 1.1단위며 이 상품 조립에 추상적 노동시간 10단위가 소요되어 임금은 11단위 가격을 지불하였다고 하자. 이 상품의 가치는 추상적 노동시간 60시간인데, 이 상품의 한계가격 내지 원가, 즉, 손해를 보지 않을 가격은 66단위다. 이 기업가가 이윤 4단위 가격을 수익으로 얻자면 이 상품은 시장에서 70단위 가격에 팔려야만 한다. 가격 결정에 필요한 구매력의 크기만을 계량하기 위해, 편의상 다른 경제 주체는 없는 것으로

하면, 이 상품을 살 수 있는 수요자는 역시 세 사람, 즉, 위 원자재 a를 판 사람과 원자재 b를 판 사람 그리고 위 노동자만 존재한다. 구매력을 계산해보면 원자재a 판매자는 33단위의 판매대금 수입, b 판매자는 22단위의 판매대금 수입, 노동자는 11단위의 급여 수입이 있다. 구매력은 66단위에 불과하다. 구매력이 66단위이므로 70단위 가격의 상품을 구매할 수 없다.

이는 마치 모순인 것처럼 보인다. 노동자는 노동력을 가치 이상으로 팔고 싶어 하고, 상품 판매자는 상품을 역시 가치 이상으로 팔고 싶어 하지만 그것은 희망에 그치는 것이고 구매력이 따라오지 못하므로 결국 가치대로 66단위에 교환되어야만 하는 것처럼 보인다. 시장에서의 교환은 어느 누구의 이익도 아니므로 가치대로 팔려야 하고 결국 이윤은 잉여노동에서 나올 수밖에 없는 것인가? 그렇지 않다. 위와 같은 착각은 통시적으로 관찰하지 않았기 때문에 모순처럼 보이는 것이다. 이미 축적된 자산을 전제로 한 구매력으로 유효수요가 4단위 추가된다면 현재의 66단위의 구매력에 더하여져서 70단위 상품의 구매가 가능하다.

현대자본주의는 과거의 오랜 자본주의적 재생산 과정에서 자본가와 노동자 모두 자본 및 재산의 축적이 이루어져서 사회 전체적인 구매력은 그 때 그때의 생산물을 구입하고도 잉여가 충분하게 된다.

여기서 하나의 시사점이 발견된다. 역사의 시계를 거꾸로 돌려가다 보면, 축적된 자본과 재산으로 구매할 수 있는 구매력이 당기의 생산물을 간신히 구매할 수 있는 정도에 그치는 시기(이를 사회적 구매력의 임계점이라고 부르기로 한다.)가 있을 것이다. 임계점 혹은 그 이전의 시기에는 사회 전체적으로 노동력을 가치 이하로 구매하여야만 자본가에게 이윤이 발생하게 된다. 자본주의 초기에는 자본가들이 노동력을 재생산비 이하로 구매하였고, 그 결과 노동자들은 평균적 재생산비 이하의 임금을 지급받으면서 장시간의 노동에 시달렸다는 것이 된다.

자본주의의 발전 과정에서 자본과 재산의 축적이 이루어지고 어느 시기에 임계점을 지나 다른 상품과 마찬가지로 노동력 또한 가치 이상으로 거래되는 것이 일반적 현상이 된다. 국가마다 자본주의의 발전의 정도가 차이가 있으므로 임계점에 도달하는 시기는 다르겠지만, 일반적으로 말하자면, 각국에서 노동3권이 보장되기 시작하는 시기와 관련이 있을 것이다. 노동자들은 단결권을 통해 노동력에 대한 거래가를 상승시키려고 하고, 자본가들은 직장폐쇄나 부당노동행위와 같은 직접적인 대응수단을 강구하기도 하지만, 사회적으로는 보다 발전된 생산기술을 채용하여 임금상승에도 불구하고 생산비를 낮추어 높은 이윤을 실현하려고 한다. 보다 향상된 기술과 보다 효율적인 생산방법을 구축한 자본가는 그렇지 못한 기업들에 비해 노동력을 구매하는데 유리한 위치를 점하게 되고 보다 많은 이윤을 얻게 되는 한편, 산업의 발전으로 노동에 대한 수요는 증가하며 임금은 점차 높아지게 된다.

상품의 시장 가격을 결정하는 유효수요(effective demand)는 '돈이 뒷받침되는 수요'를 가리키는데, 기계나 원료 등 생산수단(또는 생산재)에 대한 유효수요를 '투자 수요'라고 부르고, 생활수단(또는 소비재)에 대한 유효수요를 '소비 수요'라고 부른다. 마르크스 경제학은 자본가들의 '자본의 원시적 축적'은 논하지만, 노동자들을 포함하여 그 사회 구성원들의 '자산의 원시적 축적'과 그에 따른 잠재적 유효 수요의 지속적인 증가를 고려하지 않았다. 마르크스 시대에는 노동자는 재산 또는 구매력을 축적할 수 있는 지위에 있지 않았고 가까스로 재생산되는 지위에 있었다. 자본주의의 발전은 자본가들의 자본의 축적만을 이루는 것이 아니라, 자본가와 노동자를 포함하여 사회 전체적으로 자산의 축적을 결과하므로 장기적으로는 투자수요와 소비수요를 지속적으로 증가시키게 된다.

그러한 유효 수요의 증가는 노동력과 상품에 대한 시장 가격을 상승시켜 노동력과 상품을 점점 가치보다 더 높은 가격으로 거래되게 한다. 가치와 가격 사이의 격차는 경제 발전에 따라 점점 심화되게 된다.[17]

자산의 축적으로 유효 수요가 증가하는 양상을 보자. 생산물 중에는 즉시 소비되는 생산물이 있고, 내구재와 같이 오랜 기간에 걸쳐 감가되는 생산물이 있다. 주택은 50년, 자동차는 20년, 전자제품은 10년, 의류는 5년, 식료품은 1년 이내에 감가된다고 하자. 당해연도에 생산된 위 상품들 중 식료품은 그때그때 소비되어 가치가 소멸된다. 전자제품이나 의류는 유통 후 당장 가치가 소멸되지는 않더라도 그 상품들을 구매하여 소유하고 있는 사람에게 구매력을 만들지는 않는 것이 보통이지만 유통이 보류된 상품은 여전히 구매력으로 남게 된다. 주택이나 자동차는 이를 구매하여 소유하고 있는 사람에게 자산으로서 구매력을 가지게 한다. 주택이나 자동차를 되팔아서 화폐로 바꿀 수 있고 담보로 제공해서 대출을 받을 수도 있다. 기업을 운영하여 수익을 올리거나 근로자로 일하여 임금을 받은 사람은 그 돈 중 일부는 소비하고 일부는 모아서 예금하고, 상당기간 예금하여 모았던 돈으로 주택이나 자동차와 같은 재산을 구입하게 된다. 이러

17 노동이 시기를 초월한 보편적 가치 척도라는 스미스의 이론은 이 점에서도 중요하다.

한 예금, 주택, 자동차 등은 모두 잠재적 혹은 현실적으로 소비수요나 투자수요를 구성하게 된다. 자본주의 경제에서 생산물들이 모두 그대로 소비되는 것이 아니라 일부는 소비되고 일부는 자산으로 전화하게 되는데 그와 같은 과정이 반복되면서 사회 구성원이 소유하는 자산의 양은 점점 늘어나게 된다. 그때그때 생산되어 유통되는 상품의 가치에 비해 축적된 자산의 양은 상대적 크기가 더욱 늘어나게 되고, 그 결과 공급되는 상품의 가치량에 비해 유효 수요는 점차 늘어나 상품 가격을 더욱 상승시키게 된다. 그러므로 경제가 성장하면서 가치와 가격 사이의 격차는 점점 심화될 수밖에 없다.

이해의 편의를 위한 예를 들어 보자. 정부가 비축물자인 A 상품을 5년간 보유하고 있다가 시장에 내놓아 매각한다고 하고, A 상품의 생산에 투하된 노동량이 추상적 노동량 12단위였는데, 5년간 생산성의 향상에 의해 현재 A상품의 생산에 투하되는 노동량은 8단위로 줄었다고 가정하자. A 상품은 내구연한이 5년을 넘는 것이어서 5년 경과 후에도 감가되지 않는다고 하고, 이 때 A 상품은 물리적으로 동일하므로 시장가격 혹은 교환가치는 5년 전에 생산된 상품이나 현재의 상품이나 동일하다. 그렇다면, 현재 생산된 A 상품의 가치는 8단위임에도 불구하고 5년 전 생산된 노동량 10단위의 상품과 동일한 가격으로 거래되는 것이다.

이러한 현상은 스미스의 노동가치설과 배치되지 않는다. 왜냐하면, 노동가치설, 즉, 상품의 교환가치가 그 상품에 투하된 노동량에 비례한다는 법칙은 완전한 자유(perpect liberty) 조건에서 성립하는 법칙이다. 자본과 노동의 이동이 자유롭지 않으면 그 비례관계는 성립되지 않는다. 국경을 달리하여 자본과 노동의 이동이 제한되는 국가 사이에 노동량을 기준으로 한 교환비율은 같지 않다. 또한, 현재와 미래 사이에는 자본과 노동이 서로 이동할 수 없다. 생산성이 향상되면 같은 노동시간으로 생산되는 상품의 양이 늘어나게 되고 같은 상품에 내재된 노동의 양은 줄어든다.[18] 물리적으로 동일한 상품의 가치량이 미래에는 줄어든다. 5년 후에 제조된 A 상품은 보다 적은 노동량으로 가치에 비해 상대적으로 많은 교환가치를 가지고 거래되지만 시간을 거슬러 과거의 노동과 자본이 현재에 더 투입되게 하는 조정을 거칠 수는 없다.

가치와 가격의 괴리 심화는 법칙이라기보다는 경향성으로 볼 수 있다. 가격은 잠재적 구매력의 크기에 의해서만 결정되는 것이 아니고 시장의 여러 조건이 영향을 미치기 때문이다. 소비성향, 대체재의 존재, 기호, 유행, 경기변동 등 가격에 영향을 미치는 요인들은 매우 다양하다.

대한민국의 국부(National wealth)[19]는 2023년 기준으로 국가 GDP의 5.7배이다. 당기 생산물의 5배가 넘는 잠재적 유효수요가 존재한다는 것은 가격을 끌어올릴 충분한 요인이 있다는 것을 의미한다. 이는 가치와 가격 사이에 큰 괴리가 발생할 수 있는 가능성을 보여준다. 물론 그러한 잠재적인 구매력 가운데 실제 구매로 이어지는 것은 그 일부가 되므로 그 괴리의 정도는 불확정적이다.

한편, 구매력에 가장 가까운 경제지표는 국민총소득(GNI)다. 2000년 기

---

18 스미스는, "사회 내에서 이루어지는 여러 개선과 향상 및 발전에 따른 자연적인 영향은 거의 모든 제조품의 실질가격을 점차 감소시킨다. 제조업 분야에서 생산된 물품의 실질가격은 예외 없이 모두 감소한다. 사회 발전의 자연스러운 영향으로 더 나은 기계, 더 훌륭한 기술, 더 적절한 분업과 작업분배가 이루어져 특정 작업을 수행하는 데 훨씬 적은 노동량이 들어간다"고 한다.

19 부동산, 동산, 증권 등 국민 전체가 보유한 총 자산에서 부채를 뺀 순(純) 자산을 말한다.

준 불변가격으로, 우리나라 1인당 실질국민소득(Real GNI)는 2000년은 1,972만 원, 2010년은 2,808만 원, 2020년은 3,530만 원 정도로 증가해 왔다. 실질국민소득 중 일부는 저축으로 나아가고, 일부는 소비에 투입되며, 소비 중에서도 일부는 내구재를 향하는데 내구재 중 일부는 자산으로 축적된다. 저축과 축적된 자산은 미래의 잠재적 구매력을 증가시킨다.

9. 자본주의 발전 4단계

자본주의가 발전하면서 유효수요, 혹은, 구매력의 축적이 이루어지고 그로 인해 가치와 가격은 점점 멀어지는 경향성을 가진다고 설명하였다. 이러한 변화에 중점을 두고 자본주의 발전을 4단계로 구분해볼 수 있다.

▮ 제1단계는 자본의 원시적 축적기다.

이 시기를 상징하는 단어는 잉여노동이다. 생산수단은 소수의 자본가에게 독점되어 있고, 농토에서 쫓겨난 농민들은 도시로 몰려와 노동력의 가격은 최저생계비 이하로 형성된다. 자본가는 거의 무한한 노동력을 최저생계비를 밑도는 가격으로 값싸게 구입하여 생산에 투입할 수 있고 장시간의 잉여노동이 행하여진다. 자본가는 노동자의 노동을 착취하여 손쉽게 이윤을 획득할 수 있다. 자본가가 획득한 이윤은 자본의 양적 증대를 가져와 자본의 축적이 이루어진다. 노동자들은 장시간의 노동에 내몰리고 질병과 기아에 허덕이게 된다. 마르크스가 목격한 자본주의는 잉여노동의 착취가 유일한 이윤 창출의 수단인 사회였다. 자본가는 생산수단을 소유하고 있다는 것만으로 타인의 노동을 착취하여 이윤을 얻을 수 있는 반면, 노동자는 생산수단을 소유하고 있지 않다는 사실만으로 노동을 착취 당하고 영양의 결핍과 과로로 죽음에 이르는 사회, 그리하여 자본가와 노동자가 적대적으로 대립하는 사회였다.

15~16세기경 영국 사회는 자본주의 초기 단계의 모습을 잘 보여준다. 국내외의 양모공업의 발달로 양털 가격이 크게 상승하자 대토지소유자들은 농민들이 경작하던 토지들을 목양지로 바꾸어 버렸고, 그 땅에서 농사를 지어 생활하던 농민들은 쫓겨나 도시로 밀려나가게 되었다. 그러나 도시의 공장들은 이미 취업한 노동자만으로도 포화상태였기 때문에 입에 풀칠할 정도의 임금을 받는 일자리를 간신히 구하거나 그것도 구하지 못한 사람들은 걸인이나 범죄자가 되든가 아니면 굶어죽는 수밖에 없었다. 급격히 인구가 불어난 도시는 상하수도가 제대로 되어있을 리 없어서 도시 곳곳이 똥과 오물로 넘쳐나고 비바람과 추위를 막아줄만한 집도 없어 상상할 수도 없을 만큼 비참하고 비위생적인 주거여건 속에서 도시 빈민들은 기아와 질병으로 죽어나갔다.

■ 자본주의 제2단계는 노동의 지힝기다.

이 시기를 상징하는 단어는 노동의 저항이다. 자본의 원시적 축적기를 지나면서 노동력에 대한 수요가 점진적으로 늘어나게 되고 기술의 발전으로 생산성이 증대되어 간다. 노동시장에서 노동력에 대한 수요의 증가는 급여수준을 미세하게나마 끌어올리기 시작하고, 노동력을 고용하는 자본가의 입장에서는 생산성의 향상으로 노동력 구입비를 조금 더 지출하더라도 이윤을 낼 수 있는 여력이 생기게 된다. 이 시기에 노동자들은 여러 저항 수단을 강구하기 시작한다. 잠시라도 노동을 멈추면 굶어죽는 상황에서는 자본에 대한 저항이 불가능하였지만, 급여수준이 조금이라도 나아지면서 노동을 잠시 멈추는 것으로 자본가에게 경제적 타격을 가하는 것이 가능해진다. 노동자들은 태업과 파업이라는 타격 수단을 알게 되고 자본가에 대한 저항을 조직적으로 행하는 방법을 강구하게 된다. 노동자들의 단결과 쟁의가 빈번해지고 이에 대한 자본가들의 대응으로 자본가와 노동자의 공방은 계급투쟁의 양상으로 진행된다. 자본주의 이전의 사회에서의 민중의 봉기와는 달리 노동자들의 저항은 인구가 밀집된 도시에서 이루어지고 좁은 장소에서 항상적으로 교통하는 노동자들이 중심이 되기 때문에 그 저항은 파괴력도 크고 수시로 촉발될 수 있는 것이어서 근본적인 제압은 불가능한 것이었다. 자본가들은 조금씩 근로조건을 개선하는 식의 타협을 하지 않을 수 없고 노동력의 가격은 생계비 수준에 접근하게 되었다. 자본주의 제2단계는 노동자들은 저항을 통하여 노동3권을 확보하여 가기 시작하는 단계이고 노동시장에서 노동력의 가격이 필요노동시간에 근접하거나 다소 상회하게 되며 그럼에도 불구하고 아직은 노동생산성이 낮아 생산부문에 따라서는 여전히 광범한 노동 착취가 이루어지는 시기이다. 이 시기에는 원료와 시장의 확보를 위한 국가 간 경쟁도 치열해져서 제1차 세계대전을 초래하였다.

▌자본주의 제3단계는 자본주의의 성숙기이다.

기술의 발전으로 생산성이 현저히 향상되고 노동3권의 보장이 제도화되며 사회보장이 중요한 사회적 이슈로 대두되는 시기이다. 생산물은 그 사회의 인구를 먹여 살리는데 충분할 정도로 넉넉해지며, 노동력에 대한 수요의 증가로 노동력의 가격은 산업 전반에 걸쳐 필요노동시간의 수준을 넘어서게 된다. 노동력의 가격이 필요노동기간의 수준을 넘어선다는 것은 노동자들도 자산을 축적하게 됨을 뜻한다. 오랜 자본주의의 발전과정을 통해 유효수요가 축적되어 투자수요와 수비수요 모두 늘어나게 된다. 상품과 노동력 모두에 대해 넉넉한 구매력이 있기 때문에 상품은 전반적으로 가치 이상으로 거래된다. 기업가의 이윤은 주로 넉넉한 수요에 기초하여 상대적으로 높게 형성된 가격 때문에 발생한다. 노동력에 대한 수요가 크게 늘어나 노동력의 가격이 노동력 재생산비보다 높게 형성되는 것이 보통이기 때문에 기업가는 더 이상 장시간 노동에 의존하여서는 이윤을 추구할 수 없게 된다. 기업가는 기술혁신과 개량된 생산방법 등으로 생산비를 인하하여 고이윤을 추구하고, 생산비 경쟁에서 밀려난 기업가는 생산분야나 품목을 변경하게 되어 산업의 분화가 촉진된다.

이 시기의 후반기에 선진 자본주의 국가들은 경제성장의 여력으로 복지국가를 표방하게 되어, 공공 의료, 무상 교육, 공공 임대주택, 실업수당, 직업훈련, 저소득층에 대한 소득보장, 장애인과 고령자에 대한 부조, 연금제도 등을 실시하게 되며, 그 재원을 조달하기 위해 소득에 대한 누진세의 도입 등 세제의 개편이 이루어진다. 소련과 중국과 같은 현실사회주의 국가들은 경제성장이 정체되어 시장경제를 도입하고 생산수단의 국공유화를 수정하게 된다.

▌자본주의 제4단계는 개인의 지위가 고도화되는 단계이다.

자본주의 제4단계의 특징은 IT산업의 등장, 자본과 노동의 분화 및 전환이다. 자본은 더 이상 소수의 전유물이 아니게 된다. 거대 기업도 수많은 주주들의 집단적 소유로 되고, 경영자는 소유자가 아닌 관리자의 위치에 서며, 기업가는 더 이상 노동하지 않는 자가 아니라 기업경영이라는 고도의 노동을 행하는 자가 된다. 노동자들은 더 이상 태생적 항구적 노동자가 아니고 재산을 모아 언제든지 기업가 내지 자영업자로 전환할 수 있는 잠재적 지위에 있게 되며 여러 기업의 주식을 소유한 주주가 되기도 한다. 자본가 계급과 노동자 계급이라는 분류는 점점 불확정한 개념이 된다. 노동자와 자영업자 사이의 전환이 빈번하며, 근로계약 중 상당 부분이 용역계약이나 위임계약으로 대체되어 간다. IT의 발전은 PC나 핸드폰과 같은 소규모 생산수단으로도 기업가로 전환할 수 있는 길을 열게 된다. 사회 전체 인구에서 자영업자와 용역자의 비중이 시간이 갈수록 증가하게 되고, 순수한 노동자의 비중은 점점 줄어들게 된다. 그나마 노동자로 분류되는 사람들조차도 재택근무가 늘어나고 근로계약이 변형되어 용역계약과 구분이 모호해지기 시작하며 전체적으로 근로자의 기업가에 대한 종속은 점점 약화된다. 그런 과정을 통해 자본가와 노동자의 계급적 적대적 대결의 양상은 점차 약화된다.

현실사회주의 국가들은 3단계에서 시작된 시장경제 도입 및 개방이 더욱 진전되어 경제적인 측면에서는 자본주의사회와 다를 것이 없어지게 되거나 글로벌 세계경제에 완전히 편입되게 된다. 이들 나라에서는 공산당과 관료 등 지배층이 경제성장의 주된 수혜자가 되어 지배력의 변동이나 지배층의 균열이 적어 권력독점만은 지속되는 경향을 보인다.

[보론] 가치, 교환가치, 사용가치, 가격의 개념에 관하여

스미스, 리카도의 노동가치설은 마르크스에서 잉여가치설의 토대가 되었다. 스미스는 국부론에서 상품의 가치는 그것을 생산하는 노동의 양에 의해 결정된다고 하면서, 시장에서 공급과 수요가 가격을 조정하는 과정을 거치는 것으로 설명하였다. 리카도는 상품의 가치는 단순한 노동시간이 아니라 노동의 질과 강도에 따라 달라진다고 하였다.

마르크스는 한 때 "가치는 사용가치와 교환가치의 통일로 파악"(『정치경제학 비판요강』)하는 듯이 보이기도 하였는데 그 후 잉여노동의 개념을 정리할 즈음 "교환가치를 가치의 현상 형태"로 파악한 것으로 이해되고 있다. 그러나, 자본론의 집필 중에서조차 마르크스가 가치와 교환가치의 관계를 일관되고 확정적으로 설명하였다고 보기는 어렵다. 일반적으로는 마르크스가 가치와 교환가치의 관계를 본질과 현상의 관계로 설명한 것으로 말해지고 있지만, 가치와 교환가치의 관계를 본질과 현상의 관계로 보는 것은 적절하다고는 볼 수 없다.

가치, 교환가치, 사용가치, 가격 등의 개념이 스미스, 리카도, 마르크스 사이에서 완전히 동일한 의미로 사용되고 있는 것은 아니다.

스미스는 '가치, 교환가치, 사용가치, 실제 가치, 자연가격, 시장가격' 등의 용어를 사용하였고, 리카도도 그러한 개념들을 거의 그대로 받아들여 사용하고 있다. 스미스는 교환가치의 본질에 관하여, "상품을 보유하고 있으면서 그것을 다른 상품과 교환하려고 하는 사람에게는 그가 보유한 상품으로 구매하거나 장악할 수 있는 노동의 양이 그 상품의 가치와 동등하다. 그러므로 노동은 모든 상품의 교환가치를 나타내는 진정한 기준이다"라고 하고, "모든 물건의 실질가격, 즉, 물건을 얻고자 하는 사람이 실제로 치르는 것은 그 물건을 얻기 위해 겪는 수고(노동)이다"라고 하고, "우리는 상품 교환시점에서 그와 동등한 노동량에 해당하는 가치를 담고 있는 물건과 교환한다"고 하며, "언제나 기억해야 하는 것은, 어떤 특정 상품이나 상품 집합이 가치 기준이 되는 것이 아니라, 노동이 다른 상품의 가치를 측정하는 진정한 척도라는 것이다"라고 하고, "노동은 명백히 가치를 측정하는 유일하고 정확한 척도이자 유일하고 보편적인 척도이다. 언제 어디서든 다른 상품의 가치를 비교할 수 있게 하는 유일한 기준이다"라고 하였다. 그런데, "자본 축적과 토지 사유가 발생하기 이전의 사회에서는 서로 다른 물품을 획득하는 데 필요한 노동량의 비율이 물품을 교환하는 데 있어 유일한 기준이 된다. 예를 들어 사냥꾼 부족 사이에서 일반적으로 비버 한 마리를 사냥하는데 사슴 한 마리를 사냥하는 것에 비해 일반적으로 두 배의 노동이 든다면 자연스레 한 마리의 비버는 두 마리의 사슴과 교환된다. … (자본 축적과 토지 사유가 발생하면) 노동 생산물 전부가 노동자에게 귀속되지 않고 자본가와 지주에게 나누어져야 한다"고 하였다. "어떤 상품이 그 시대, 그 사회에 일반적으로 통용되는 자연율(이윤율, 지대율, 임금)에 따라 지대, 임금, 이윤을 모두 지급할 수 있는 가격으로 팔린다고 가정하면 그 가격을 자연가격이라고 하고, 그보다 높거나 낮은 가격으로 실제 시장에서 팔리는 가격이 시장가격인데, 시장가격은 유효수요가 충분한지 아니면 공급량에 비해 부족한지 여부에 의해 결정된다"고 하였다. '완전한 자유'가 있는 곳에서는 자연가격과 시장가격이 일치하게 된다고 하며 '완전한 자유'란 자본과 노동이 생산의 각 부문 사이에 완전히 자유스럽게 이동할 수 있는 것을 의미한다고 하였다.

위와 같이 보면, 스미스의 자연가격이란 완전한 자유의 조건에서 자연율에 따라 교환가치가 가격으로 현상화한 것이라 볼 수 있다.

한편, 사용가치는 자연가격과는 직접 관련은 없다. 그렇지만, 사용가치가 없는 물건은 노동이 투하되어 생산되지 않는다는 점에서 사용가치는 상품생산의 전제가 된다. 즉, 유효수요가 공급량 이상으로 존재할 것으로 기대될 정도의 효용(사용가치)이 있는 물건만이 생산의 대상이 된다. 더 나아가, 사용가치의 크기가 교환가치의 크기와 비례하지는 않지만 서로 완전히 무관한 것은 아니다. 공기는 사용가치가 무한히 크지만 어떠한 노동력도 투입하여 생산하지 않고 무제한 공급되기 때문에 교환가치가 0에 가깝다. 그런 점에서는 사용가치와 교환가치는 별개의 것으로 보일 수도 있다. 그러나, 사용가치가 큰 물건은 생산자의 입장에서는 생산비가 커지더라도 이를 감수하고 생산할 동기가 생기게 하며, 수요자가 구매할 동기가 클 것으로 기대된다는 점에서 사용가치가 교환가치와 완전히 무관한 것은 아니다. 즉, 사용가치가 크다는 것은 상대적으로 더 많은 노동의 투입과 더 적극적인 구매를 유인한다는 점에서는 교환가치와 관련성이 있다.

사용가치는 구체적 노동의 투하로 생성되는 가치이고, 교환가치는 추상적 노동의 투하로 생성되는 가치라고 설명하는 경우가 있으나 이러한 설명이 유용하거나 적합한 설명이라고는 볼 수 없다. 공기의 사용가치가 구체적 노동과 무슨 관계가 있는가? 구체적 노동과 추상적 노동은 동종의 상품을 생산하는 서로 다른 노동, 혹은 강도가 다른 노동, 혹은 이종의 상품생산 사이의 노동 등을 서로 비교하고 계량하기 위하여 추상화를 위해 도입한 개념일 뿐이다.

교환가치는 서로 다른 상품 사이의 교환비율이고 각 상품에 평균적으로 내재된 노동량의 상대적 비율이다. 그 비율은 기본적으로는 각 상품의 생산에 필요로 되는 노동량에 의해 결정되지만 생산성의 변동에 따라 각 상품 사이에 투입되는 노동량의 상대적 비율은 변동할 수 있다. 교환가치는 시장에서 수요와 공급을 통해 조정되어 가격으로 현실화된다.[20] 일시적인 수요 공급의 변동을 배제하여 단순화한다면, 그리고, 상품별, 산업별로 자본과 노동의 이동이 완전히 자유롭다면 교환가치는 가격을 결정하는 원천이 된다. 물리적으로 동일한 상품, 즉, 객관적 효용이 동일한 상품이라면 교환가치는 같다. 수제 빵에 투입된 노동시간과 공장에서 생산된 빵이 노동 시간이 다른데 맛, 크기 영향 등 물리적 요소가 완전히 동일하다면 교환가치는 동일하다. 즉, 물리적으로 동일한 상품이라면, 다른 특정 상품에 대한 지배력은 동일하다. 동일한 빵을 2시간의 노동으로 생산한 갑과 3시간의 노동으로 생산한 을이 시장에서 교환할 수 있는 다른 상품량(노동량)은 달라질 수 없다. 장기적으로는 동일 상품에 대하여 생산효율이 다른 여러 생산자가 있는 경우에 가장 열악한 방법으로 생산된 상품에 투하된 노동량을 기준으로 교환가치가 결정된다. (여기서 가장 열악하다는 것은 손실을 입지 않고 생산하는 것을 말한다. 장기적으로 손실을 입는다는 것은 생산에서 퇴출되므로 생산자가 아니다.) 위의 예에서 2시간의 노동으로 생산한 빵은 교환가치가 3시간 노동이 되기 때문에 (초과) 이윤을 얻을 수 있게 된다. 이것이 가치와 교환가치의 괴리 현상이다. 그 괴리 현상은 생산성의 차이와 자본주의적 경쟁의 당연한 귀결이다.

20 리카도 역시 이를 자연가격이라고 부르고, 시장가격은 자연기격을 토대로 등락하는 것으로 본다.

상품시장에서 공급은 생산비에 영향을 미치는 투입 노동량, 즉, 가치와 관련되어 있는 반면, 수요는 사용가치, 즉, 효용과 관련이 있다. 생산자는 예상되는 교환가치보다 적은 노동량을 투입하여 보다 많은 이윤을 생산하려고 한다. 그리고 소비자는 여러 소비대상 중 주관적 효용이 큰 상품에 관하여 수요를 형성한다.

일반적인 논의 전개에서는 가격을 시장에서 합리적으로 형성된 가격의 의미로 사용하기 때문에, 교환가치와 가격을 거의 같은 개념처럼 사용해도 무방한 경우가 많지만 그것은 단순화한 조건, 말하자면, 완전한 자유의 조건에서만 그러하다. 실제의 가격은 수요와 공급에 의해 결정되는데, 공급은 보다 높은 이윤을 추구하는 자본 사이의 경쟁과 이동에 의해 변동되고, 수요는 유효수요의 크기와 소비 성향에 의해 변동된다.

생산자들의 생산성은 각기 달라서 그 상품에 투하된 노동의 양(가치)은 생산자마다 차이가 있기 마련이므로(즉, 생산성이 높은 생산자는 투하된 노동의 양이 적어 생산비가 낮으므로 보다 저렴한 가격에도 상품을 판매할 의사가 있지만, 생산성이 낮은 생산자는 가격이 생산비를 초과하여야만 그 상품의 제조에 착수하여 판매할 수 있다.) 시장가격이 높으면 공급할 수 있는 공급자의 수나 공급량은 증가한다. 한편, 수요자들의 주관적 효용의 크기도 각기 달라서 가격에 따라 그 상품의 구매 여부가 달라지므로 (즉, 주관적 효용에 비해 가격이 저렴하면 그 상품의 구매를 선택하겠지만 가격이 효용에 비해 비싸다면 그 상품 구매를 포기하고 저축을 하거나, 대체 상품을 구입하거나, 혹은 아예 다른 용도로 지출한다.) 시장가격이 높으면 수요가 감소하고 시장가격이 낮으면 수요가 증가한다. 가령, 교환가치대로 시장가격이 형성된다고 가정할 때, 어떤 상품의 시장가격이 10단위이고 공급자가 A, B, C라고 한다면, 예를 들어 70단위의 자본을 가진 A는 각 7단위의 노동으로 그 상품 10개를 생산하였고, 40단위의 자본을 가진 B는 각 8단위의 노동으로 그 상품 5개를 생산하였고, 18단위의 자본을 가진 C는 각 9단위의 노동으로 그 상품 2개를 생산하여, A는 개당 3단위씩 30단위의 이윤을, B는 개당 2단위씩 10단위의 이윤을, 그리고, C는 개당 1단위씩 2단위의 이윤을 취하였고, 11단위의 노동을 투입하여야만 생산할 수 있는 D나 12단위의 노동을 투입하여야만 생산할 수 있는 E는 제조를 포기하는 식이다. 한편, 그와 같이, 시장 가격이 10단위로 형성된 것은 그 가격에 구입할 의사가 있는 수요자가 17명이고 나머지 사람들은 그보다 가격이 낮아야만 구입할 의사가 있는 사람들이라고 할 수 있다. 이 예에서, 객관적, 물리적으로 동일한 상품에 관하여, A가 공급한 상품의 가치는 7단위, B가 공급한 상품의 가치는 8단위, C가 공급한 상품의 가치는 9단위이다. 같은 상품에 관하여, 구매에 나서는 17명의 사용가치는 10단위 이상이고, 나머지 사람들의 사용가치의 크기는 10단위 미만이다.

위와 같이, 가치는 투하된 노동의 양(추상적 노동시간)에 의해 정해지기 때문에 물리적, 객관적으로 동일한 상품이라도 제조자의 생산성에 따라 가치의 크기는 각각 다른 것인데 비해, 가격은 수요공급의 법칙에 따라 1개의 값으로 정해진다. (가치와 교환가치의 괴리)

한편, 물리적으로 동일한 상품이라도 개개인이 그 물건에 대해 가지는 효용은 모두 다르기 때문에 그 물건에 대해 기꺼이 지불하려고 하는 의욕의 강도에는 차이가 있다. 어떤 상품에 대한 생산력의 발전 정도와 생산자 사이의 생산력의 차이의 종합으로 공급곡선이 이동 또는 형성되고, 어떤 상품이 그 시점의 사회에서 다른 상품이나 용역에 비해 가지는 상대적인 효용의 크기와 그 상품에 대한 구매력을 가진 개개인별 효용의 상대적 차이에 의해 수요곡선이 형성되며, 그 균형점에서 가격이 정해진다. 유효수요의 크기는 그 사회의 자산의 축적의 정도와 정(正)의 상관관계가 있기 때문에 자본주의의 발전에 의해 점점 유효수요가 늘어나 가치에 비해 가격이 높게 형성되는 경향성을 띄게 된다. (가치와 가격의 괴리 심화 경향) 자산의 축적에 의해 유효수요가 늘어나는 것만으로 그에 비례하여 가치와 가격 사이의 비율이 정해진다고는 할 수 없고, 잠재적인 수요가 현실화하는 정도는 그 시기의 소비성향을 비롯하여 여러 사회적 요인이 작용한다.

가격은 유효수요에 의해 결정된다고 한 스미스의 이론은 원론적으로 타당하고, 사회적 자산의 점진적 축적을 선제로 한 유효수요에 대한 고려 없이 곧바로 가치와 가격을 연관시키는 것은 논리적 오류를 낳을 수 있다. 마르크스의 잉여가치설은 상품의 교환에서 자산 축적 및 유효수요에 의한 가격의 결정과정을 충분히 고려한 것으로는 보이지 않는다. 자산의 축적을 고려하지 않고, 시장을 생산물의 가치의 즉시적 배분관계로 파악하게 되면, 가치와 가격의 괴리를 파악할 수 없게 되고, 잉여노동의 함정에 빠질 수 있다.

〈마르크스의 상품교환 시장 = 즉시적 배분관계〉

→ 총생산물이 노동자와 자본가에게 분배됨

(사회적 총생산물은 노동자가 모두 생산하였음에도 그 일부가 자본가에게 귀속되므로 노동의 착취가 필연적으로 발생)

〈실제의 상품교환 시장 = 누적적 배분관계〉

→ 지속적 반복적 생산과정을 통해 기존 생산물의 일부가 사회적으로 누적되어 유효수요를 형성하므로 당기 총분배량과 노동자 및 자본자의 당기 분배량이 불확정

(당기의 생산물의 교환에서 기존에 누적된 자산이 당기 생산물과 함께 유효수요로 작용함. 당기 생산물의 가치량을 넘어서는 교환이 이루어질 수 있으므로 노동자에게 귀속되는 가치량의 크기는 불확정하고, 당기 노동의 착취 여부는 분배의 정의의 문제로 됨)

한편, 노동력이라는 상품에 관해서도 가치, 교환가치, 사용가치, 수요와 공급과의 관계를 일반 상품의 경우와 유사하게 설명할 수 있을까? 적어도, 노동력이 일반 상품과 비교하여 가치와 교환가치(혹은 가격)의 조응이 어렵다는 점은 말할 수 있을 것이다. A, B 2개의 상품만 존재하는 시장을 가정할 때, A라는 상품의 가치에 비해 교환가치가 상대적으로 낮으면 A 상품 제조자들은 이윤이 더 좋은 B라는 상품의 제조로 옮겨가기 때문에 B 상품의 공급이 늘고 A 상품의 공급이 감소하여 결국 가치와 교환가치의 비율이 보다 균등해지는 식으로 가치와 교환가지의 조응이 이루어질 수 있다.[21] 그런데, 노동력이라는 상품은 기업적으로 생산해내는 상품이 아니어서 이윤율에 따라 생산을 줄이고 늘리는 것이 아니다. 아이를 낳는 것은 수지가 맞지 않는다고 생각한 부모가 아이 대신 AI 로봇을 만들겠다고

21 리카도는 시장 가격이 자연가격을 지향하는 것에 관하여 다음과 같이 설명한다. "패션의 변화가 비단에 대한 수요를 증가시키고 모직물에 대한 수요를 감소시켰다고 생각해보자. 그러면, 비단과 모직물의 자연 가격, 즉, 비단과 모직물의 생산에 필요한 노동량은 변하지 않겠지만, 비단의 시장가격은 상승할 것이고 모직물의 시장가격은 하락할 것이다. 그리고 그 결과로 비단 제조업자의 이윤은 조정된 일반적인 이윤율보다 높아지는 반면에 모직물 제조업자의 그것은 그보다 낮아질 것이다. 이들 부문에서는 이윤뿐만 아니라 노동자의 임금도 영향을 받을 것이다. 그러나 이렇게 증가한 비단 수요는 자본과 노동이 모직물 제조에서 비단 제조로 이전됨에 따라 곧바로 충족될 것이다. 비단과 모직물의 시장 가격은 다시 그 자연 가격에 접근할 것이며, 따라서, 이 상품의 제조업자들은 각각 통상적인 이윤을 획득하게 될 것이다. 그러므로 시장 가격이 자연 가격 수준보다 훨씬 높거나 낮게 상당한 기간 동안 지속되는 것을 막아주는 것이 바로 모든 자본가들이 갖고 있는, 자신의 자금을 수익성이 더 낮은 사용처에서 더 높은 곳으로 전환하고자 하는 욕구이다"라고 하였다.

결심하는 것은 아니다. 아이가 자라나 값비싼 노동력으로 성장하는 것은 그 아이의 타고난 재능과 개인적 노력이 상대적으로 중요한 요소가 되고, 그 아이에게 부모가 투자한 교육비나 직업훈련비가 노동력의 교환가치의 크기에 결정적인 요소로 작용하는 것은 아니다. 노동시장도 수요와 공급 법칙의 적용은 받지만 그것은 노동력의 교환가치의 변동이 산업 부문 간의 노동력의 전출입을 조정하는 결과일지언정 노동력의 생산에 투하되는 노동의 증감(생산비의 증감)이 발생한 결과는 아니다. 그런 의미에서, 일반 상품의 가치는 교환가치와 상관관계를 가지는 것이지만, 노동력 상품의 가치와 교환가치는 강한 상관관계를 가진다고 보기는 어렵다.

노동력 상품 및 노동시장이 다른 상품 및 상품시장과 다른 특성을 가진다는 것은 국민소득의 배분과 관련하여 중요한 정책적 과제를 제시할 수 있다. 이에 관하여는 다음 장에서 서술한다.

자본주의가 발전하면서 유효수요, 혹은, 구매력의 축적이 이루어지고 그로 인해 가치와 가격은 점점 멀어지는 경향성을 가진다고 말한 바 있다. 생산성의 향상은 자본의 축적과 함께 자산의 축적을 초래하여 구매력이 증가하게 되고, 자본주의 경제가 고도로 발전하여 일정 단계를 넘어서면 상품은 가치(투하된 노동)에 비해 상대적으로 점점 더 높은 가격으로 거래되게 된다. 이러한 현상은 물적 상품에 국한되는 것이 아니고 노동력이라는 상품에도 동일하게 적용된다. 노동력은 근로계약과 용역계약에 따라 판매되는 특수한 상품이다. 현대 자본주의에서 산업 분화와 다양화는 노동력에 대한 수요를 더욱 증가시켜 노동력의 가격은 그에 상응하여 커지는 반면, 노동력의 재생산비용은 점점 줄어들어 노동력 역시 가치에 비해 현저히 비싸게 팔리게 된다.

현대자본주의 하에서 노동자는 노동력의 재생산비용 보다 높은 임금을 지급받는 것이 일반화되기 때문에 생계비를 넘는 잉여가 존재하고 그 잉여를 가지고 저축을 하고 자산을 형성한다. 일부 노동자는 자신이 축적한 자산을 토대로 기업가로 전환하여 노동시장에서 탈퇴하게 되는데, 이로 인해 노동시장의 공급은 줄어들어 노동력의 가격은 더욱 상승하게 된다.

현대 자본주의 하에서 필요노동과 잉여노동의 구분이 유의미한 것일까?

마르크스의 필요노동이라는 개념은 노동력의 자연가격에 관한 스미스 및 리카도의 이론, 즉, 그 사회의 사회적 혹은 관행적인 노동력 재생산비용이 노동력의 자연가격이라는 것을 토대로 한 것이다. 따라서 노동력이 노동시장에서 노동력의 재생산비를 기초로 교환되는 것이 아니라면 필요노동이라는 개념은 그 기초부터 문제가 된다.

노동력이라는 상품은 제조 상품과는 다른 2가지 특성이 있다. 첫째, 노동력은 노동으로 생산되는 객체가 아니라 오히려 생산을 위해 노동하는 주체이다. 노동력이라는 상품은 노동이 투하되어 제조되는 것이 아니기 때문에 노동력이라는 상품의 가치는 투하 노동시간을 계량하여 측정할 수는 없다. 둘째, 노동력이라는 상품의 사용가치는 상품생산에 투입되어 노동할 수 있다는 효용이다. 노동력을 구입하여 어떻게 사용하는가, 즉, 어느 정도의 노동을 시킬 수 있는가는 미리 정해진 것이 아니다. 마르크스 경제학에서는 위 2가지 특성을 주목하여 필요노동과 잉여노동이라는 개념을 설정하였다. 노동력의 교환가치는 투하노동시간으로 계량할 수 없기 때문에 그것에 갈음하여 노동자(가족)의 재생산에 필요한 비용을 기준으로 산출할 수 있다고 보고, 노동력의 교환가치에 상응하는 노동을 필요노동이라고 정의한 후 노동자가 실제 행한 노동 중 필요노동을 제외한 나머지 노동을 잉여노동이라고 칭하였다. 이 때 노동력은 그 재생산비를 기초로 하여 노동시장에서 거래되는 상품으로 파악하고 있다. 필요노동은 노동력의 교환가치, 즉, 재생산비에 상응하는 노동이므로 지불받은 노동이고 잉여노동은 지불받지 못한 노동이므로 그 만큼의 착취가 이루어진 것이라고 본다. 그 잉여노동이 자본가가 돈을 지불하지 않고 사용한 덕분에 수익한 것, 즉, 이윤 또는 이윤의 원천이라는 것이다.

그런데, 여기서 근본적인 문제로 돌아가서 의문이 떠오르게 된다. 노동시장에서의 노동력의 교환가치 또는 가격을 그 사회 노동력의 재생산비에서 도출하는 것이 타당한가 하는 점이다.

필요노동이라는 개념의 바탕이 된 노동력의 교환가치 내지 자연가격을 그 사회의 노동자들(노동자 가족들)의 재생산비로부터 파악하는 것은 자본주의 초기 노동시장을 전제로 한 것이다. 그 점은 스미스, 리카도 및 마르크스 모두 같다. 그들은 자신이 생존하였던 시대의 노동시장만을 볼 수 있었고, 그 노동시장이 자본주의사회의 노동시장의 일반적 특성을 가진 것으로 이해할 수밖에 없었다. 초기 자본주의사회의 노동시장은 노동력의 수요에 비해 공급이 절대적으로 과잉인 노동시장이었다. 그리고 노동의 분화가 아직 이루어지지 않은 단계로서 숙련노동자와 미숙련노동자 정도의 구분만 가능할 정도의 단순노동이 행하여지는 시기였다.

이러한 노동시장에서는 노동자들이 축소 재생산되지 않을 정도의 임금만 지급되면 그 사회의 총노동력 수준은 유지될 수 있었고, 따라서, 노동력의 교환가치나 자연가격은 노동력이 재생산될 수 있는 필요최소한의 수준에서 결정될 수 있었다. 노동력의 재생산비용이 노동시장에서의 노동력 거래의 기초가 되는 사회란 역사적으로 노동력이 초 공급과잉인 사회에 한정된다. 앞서 본 바와 같이, 자본주의 발전 제2단계를 지나면서부터는 노동력의 거래는 노동력의 재생산비와는 관련성이 약해지게 된다. 산업기술이 발전하면서 여러 산업분야별로 필요한 노동력은 다양해지고 노동시장도 다각화된다. 노동의 분화가 시작되면 각 부문별로 노동력의 수급이 원활해지지 않게 되고, 노동자들은 보다 높은 임금을 받기 위해 산업부분별로 전입과 전출을 하게 되며, 각 부문별 노동시장의 수요와 공급은 가격민감도가 커지게 된다. 거의 단일한 노동시장에서 수요에 비해 초 공급과잉이던 노동시장은 여러 부문으로 분할된 노동시장으로 발전하고 각 노동시장 사이에 전입전출이 나타나며 노동력의 시장 가격은 총 노동력의 수요와 공급, 특정 부문의 노동시장의 수요와 공급, 각 노동시장의 전출입의 용이성의 차이 등 여러 변수를 매개로 하여 결정된다.

결국, 노동력의 재생산비가 필요노동시간을 결정하고 자본가는 잉여노동시간 만큼의 이윤을 얻는다는 이론은 초기 자본주의 단계에서는 유의미할 수 있지만, 고도로 발전된 자본주의사회에서는 더 이상 유의미하지 않다. 현실 사회주의 혁명이 자본주의 제1단계에서 혹은 자본주의 제1단계에서 제2단계로 이행하는 과정에서만 이루어진 것도 이와 무관하지 않을 것이다.

초기 자본주의와는 달리 현대자본주의 하에서는 필요노동과 잉여노동을 구분하는 것 자체가 유의미하다고 보기 어렵다. 노동 착취나 공정한 분배의 문제는 마르크스주의적 관점이 아닌 전혀 다른 관점에서 다루어질 필요가 있다.

제2장

정의로운 분배와 사회적 책임제 민주주의

§§§

1. 정치경제학으로부터

앞 장에서 말한 바와 같이, 초기 자본주의와는 달리 현대자본주의 하에서는 필요노동과 잉여노동을 구분하는 것이 유의미하지 않다. 자본주의가 발전하여 자산과 자본 축적이 진행되면 사회 전체적인 구매력이 점차 증가하여 공급되는 상품에 비해 잠재적 및 현실적 수요가 점점 늘어나 가격은 가치에 비해 경향적으로 더 높게 형성된다. 가치에 대비하여 가격이 더 높게 형성되는 격차는 과거에 비해 현재가, 현재에 비해 미래가 더 심해지는 경향을 보인다.

이 때, 생산물 가치의 결정원리와 생산물 가격의 결정원리가 다른 이상 생산물의 가치의 배분과 그 판매대금의 배분은 직접 비교할 수 없다. 때문에, 노동생산물의 판매대금에서 자본가가 이윤을 취한다는 사실만으로 노동착취가 이루어진다고 단정할 수는 없다. 예컨대, 생산물의 가치에 비해 현저히 높은 가격이 형성된 생산물이라면 그 판매대금 중 노동자에게 배분되는 금액이 그 노동자가 투하한 노동에 비해 너무 적은 것인지 혹은 충분한 것인지는 일률적으로 말할 수 없다. 배분비율, 노동자의 기여, 투하된 노동량과 임금의 비교 등을 고려할 때, 그 배분이 적정한가 하는 문제가 되는 것이지 필연적으로 부당한 배분이 된다고는 단정할 수 없다. 소위 마이너스 값의 잉여노동이 발생할 수도 있다.

나아가, 노동시장에서 노동력이 그 재생산비를 기초로 거래되는 것도 초기자본주의에 국한된 현상이기 때문에 노동력의 재생산비를 토대로 필요노동이라는 개념을 도출해본들, 현대자본주의에서는 노동력 거래 가격의 시장 상황이 달라 필요노동과 잉여노동의 이론을 적용할 수도 없다.

그렇기 때문에 노동 착취나 공정한 분배의 문제를 잉여가치설의 관점에서 다룰 수 없다. 그렇다고, 마르크스 이전의 노동가치설, 즉, 리카도의 노동가치설로 돌아가 노동의 지위와 분배의 문제를 살펴보더라도 크게 도움이 될 만한 내용은 발견되지 않는다. 그의 『정치경제학과 과세의 원리에 대하여(1817)』는 무려 500년도 더 지난 과거의 정치경제에 관한 것이다. 당시의 경제체제는 현재의 경제체제와 산업의 구성도 크게 다르고, 계급 구성의 측면에서도 당시와 현재는 판이하게 다르다. 당시에는 자본가만큼 혹은 그 이상으로 중요한 계급이었던 지주 계급이 현재는 그만한 지위를 가지지 않는 반면, 국가의 경제주체로서의 지위와 정치경제적 역할은 당시와는 비교도 할 수 없을 정도로 중요해졌다.

다만, 고전적인 정치경제학은 그 한계에도 불구하고 국가적 차원의 생산과 분배에 관한 이론이기 때문에 현대자본주의 하에서 노동의 지위와 분배의 문제를 논하는데 하나의 출발점은 될 수 있고 중요한 시사점이 발견될 수도 있다.

리카도는 생산물의 가치는 투하된 노동량에 의해 정해진다는 것을 전제로 토지에서 생산된 생산물에 관하여 3계급, 즉, 자본가, 지주, 노동자 사이에 배분되는 법칙을 논한다. 그는 그 논의를 상품의 가치, 지대, 가격, 임금, 이윤, 무역, 그리고, 과세에 관하여 진전시켰다.

리카도의 차액지대이론에 의하면, 지대, 즉, 토지임차료는 농지를 빌려서 영농하는 차지농이 동일한 농자재와 노동(농업노동자의 임금)을 투입하여 얻을 수 있는 수확물의 양이 토지마다 다르기 때문에 발생하는 것이라고 한다. 동일한 자본과 노동을 투입하여 생산한 수확물이 1급지에서는 100만 원이고 2급지에서는 80만 원이라면, 1급지의 지대는 2급지의 지대보다 20만 원 더 비싸다는 것이다. 한편, 자본의 감소는 곡물의 유효 수요의 감소, 곡물 가격의 하락, 경작의 감소를 가져와 지대를 하락시키며, 반대로, 자본의 축적은 지대의 상승을 가져온다. 왜냐하면, 경작의 감소는 가장 생산성이 낮은 토지부터 차례로 경작에서 탈락시키게 되므로 탈락에 직면한 토지와의 수확물의 차이 상당액인 당해 토지의 지대는 그 만큼 하락하게 된다는 것이다. 1급지의 지대가 100만 원이었던 것은 가장 열악한 경작지인 5급지와의 수확물 가액의 차이가 100만 원이었기 때문인데, 더 이상 5급지가 경작되지 않고 4급지가 마지막 경작 토지가 되면 1급지의 지대는 4급지와의 수확물의 차액 상당인 80만 원으로 감소하게 된다는 것이다. (이와 같은 차액지대 이론은 지대가 발생하는 원리와 지대의 변동에 관한 경향성을 설명한 것으로 이해하는 것이 좋을 듯하다. 그렇게 D. 리카도의 이론을 수정하여 받아들여야 하는 이유는, 자본가에게 중요한 것은 이윤의 액수가 아니라 이윤율이기 때문에 곡물가격의 변동에 따라 자본가는 투입자금 중 지대에 충당하는 비율을 증감시켜야 하는 것이지 그 차액만큼 증감시켜야 하는 것은 아니기 때문이다.)

리카도는 "지대의 변화를 규율하는 법칙들은 이윤의 변화를 규율하는 법칙들과는 크게 다르며 동일한 방향으로는 거의 작동하지 않는다"라고 하고 있다. 지대의 증감 요인과 이윤의 증감 요인이 서로 다른 것은 맞으나, 서로 다른 비옥도등 토지들 사이의 생산성의 차이에서 지대가 발생하는 것과 마찬가지로 자본도 동일 상품을 제조하는 데 있어서의 생산성의 차이에 의해 이윤의 차이를 가져오는 것만은 유사성이 있다고 할 수 있을 것이다. (다만, 이윤율이 자본가 사이에 균등화되는 것을 가정하는 경우에는 지대와 이윤 사이에 공통점이 없게 될 것이다.)

리카도에 의하면, "제조품이든 토지의 산물이든 모든 상품의 교환가치는 최저의 노동량, 다시 말해서 생산성이 좋고 유리한 생산조건 하에서 생산되는 경우에 필요로 하는 노동량에 의해 결정되는 것이 아니라, 가장 불리한 조건에서 그 생산에 요구되는 거의 가장 많은 노동량에 의해 결정된다"고 한다. 리카도의 견해에 의한다면, 토지 생산물의 자연가격은 투하된 노동량에 의해 결정되고, 그 자연가격은 지주의 지대, 자본가의 자본과 이윤, 노동자의 임금으로 구성된다고 한다. 여기서 지대를 그 토지의 고유한 비옥도(한계지와의 차이)와 지리적 위치 등 객관적 요인에 의해 정해지는 상수로 하고, 임금 또한 당시의 자연 가격이라는 상수로 하는 경우에 곡물가격이 일정하게 주어지면 자본가의 이윤은 투입하는 자본에 의해 결정될 것이다. 자본가는 각기 사용하는 농법, 농기구, 비료를 달리해서 보다 적은 자본을 투하하여 보다 높은 이윤을 획득하려고 한다. 그 중 거의 가장 불리하게 생산을 조직한 자본가의 이윤을 0으로 하고, 가장 유리하게 생산을 조직한 자본가의 이윤을 10으로 하여 그 사이에 여러 이윤율의 자본가가 존재한다고 보면, 이윤 역시 지대와 마찬가지로 가장 불리한 생산을 한 자본과의 차이에 의해 정해지는 것이 된다. 상품의 교환가치가 가장 불리한 조건에서 생산된 필요 노동량에 의해 결정된다고 보았으므로, 그와 비교하여 보다 유리한 조건에서 생산한 자본가는 동일한 자본과 임금을 투입하고서도 그 보다 많은 산출물을 획득하여 그 차액을 이윤으로 얻게 된다는 설명이 될 수 있을 것이다.

그런데, 여기서, 과연 토지는 제조상품과는 다른 법칙에 의해 규율되는 것이 타당한 것인지, 만약, 그렇다면 그 이유는 무엇인지 하는 의문이 생긴다. 다시 말해서, 토지 역시 사용가치, 즉, 농산물의 재배나 축산에 사용할 수 있다는 고유한 사용가치(효용)을 가지고 있고, 토지 역시 거래 대상이 되어 교환가치를 가지는데도 일반 제조상품과는 다른 법칙에 의해 규율되어야 하는 이유가 무엇인가 하는 의문이 생긴다. 리카도는 토지는 본질적으로 상품과는 구별되는 것으로 설명하고, 그 위에서 지대를 설명한다. 지리적으로 동등한 지역에 동등한 비옥도를 가진 2개의 토지 중에서 한 토지는 어떤 시설이나 개선작업이 없는 토지이고 다른 한 토지는 축사, 울타리, 관개시설, 배수로가 있고 비료가 추가적으로 투입되어 있는 토지라면, 차지농이 앞의 토지에 대해 지급하는 지대보다 뒤의 토지에 대해 지급하는 지대가 많은 금액이 되는 것은 뒤의 토지에 대해 지급하는 돈은 명목은 지대라고 부르더라도 그것은 순수한 지대 외에 자본(개량에 투입된 자본) 사용에 대한 대가가 포함된 것이기 때문이라고 한다. 여기서 리카도는 "(엄밀한 의미에서) 지대는 대지의 생산물 중에서 토양의 원천적이고 파괴될 수 없는 능력을 사용하는데 대해 지주에게 지불하는 몫이다"라고 정의한다.

그러나 이러한 리카도의 주장은 수긍하기 어렵다. 어떤 토지라도 순수한 자연상태에서는 생산에 사용될 수 없다. 도로에 통하는 농로가 필요하고 개간이 필요하고 원시상태의 나무를 제거하고 토양의 암석과 돌을 제거하여야 비로소 농업생산에 이용될 수 있다. 그가 주장하는 '토양의 원천적이고 파괴할 수 없는 능력', 즉, 완전히 원시상태의 땅은 농업생산에 사용할 수 없다. 많든 적든 노동력이 투입되어 농지로 개선되어야 한다. 농지로 개선되기 위하여 노동이 투입되어야 하므로 그 노동력 투하량이 측정된 수 있고, 농지로 개선됨에 의해서 비로소 효용(사용가치)를 가지게 되고, 그러한 농지가 지대의 목적이 되며 시장에서 거래의 대상이 된다.

그렇게 보면, 농지도 다른 상품과 마찬가지로 가치, 교환가치, 사용가치, 수요와 공급의 문제가 모두 제기된다는 점에서는 제조 상품과 다를 바 없는데도 불구하고, 토지가 다른 제조상품을 규율하는 법칙의 규율을 받지 않는다는 사실은 매우 중요한 시사점을 내포하고 있다.

그 중요한 시사점이란, 노동가치설은 시장에서 거래되는 모든 상품에 대해 적용되는 것이 아니라 일정한 적용범위를 가진다는 것이다.

노동가치설이 적용되는 범위, 혹은, 상품시장의 재화의 거래에서 수요 공급의 법칙이 작동되는 요건에 관한 문제라고 할 수 있다.

노동가치설의 명제는 2개로 요약할 수 있다. 첫 번째 명제는, '노동만이 가치를 창출한다'는 것이다. 두 번째 명세는, '각 상품의 교환가치의 비율은 각 상품에 투하된 노동량의 상대적 비율이다'는 것이다.

노동가치설의 두 번째 명제가 적용되는 범위를 파악하는 것은 '분배'의 관점에서 매우 중요하다. 왜냐하면, 첫째로, 자유로운 시장에서의 경쟁으로 최적의 분배가 이루어지는 영역에서는 시장의 실패를 막는 것이 공정한 분배를 위한 최선의 정책이 되고, 둘째로, 그 외의 영역에서는 공정한 분배를 위한 다른 정책적 과제가 탐구되어야 하기 때문이다.

노동가치설의 두 번째 명제가 적용되는 범위는 어떤 조건에서의 어떤 상품거래에 관한 것이며, 그 명제가 적용되지 않거나 제한을 받는 거래는 어떤 것인지를 살펴볼 필요가 있다.

스미스나 리카도의 노동가치설에서, 모든 상품의 교환가치의 척도가 그 상품을 얻는 데 필요한 노동량이라고 한 것은 아니다. 리카도는 "상품이 효용이 있을 때, 상품의 교환가치는 두 가지 원천에서 생겨나는데, 상품의 희소성과 그 상품을 얻는 데 필요한 노동량이 그것이다"라고 하고, 희소성이 교환가치의 원천이 되는 예로 희귀한 조각품, 그림, 특정한 토질에서 자란 포도로 만들어진 아주 적은 양의 특정 품질의 포도주 등을 예로 들고 있다. 그런 재화는 노동으로 그 수량을 늘릴 수 없고, 따라서, 그 가치는 공급의 증가로 낮출 수 없다고 한다. 그렇지만, "이런 상품들은 거래 상품의 극히 일부에 지나지 않기 때문에 (이를 예외로 취급해도 좋을 것이고) 상품, 그 교환가치, 그리고 그 상대 가격을 결정하는 법칙이라고 말할 때, 우리는 언제나 그런 상품들, 즉, 노동으로 그 수량을 늘릴 수 있고 그 생산에 무한한 경쟁이 작동되는 상품들을 의미한다"고 말한다.

위 내용에서 노동가치설이 "'자본주의적 생산에 의해 생산되는 상품'에 관한 시장 거래에 관한 법칙"으로 주장된 것임을 알 수 있다.

즉, 자본가가 노동자를 고용하여 생산하는 상품이고, 가격의 변동에 따라 자본가'들'이 생산량을 증감시킬 수 있는 상품에 한정하여 노동가치설을 주장한 것이다.

화가의 그림은 노동자를 고용하여 생산한 것이 아니므로 자본주의적 생산방식에 의해 생산된 상품에 해당하지 않는다. 토지는 유한한 것이고 자연적으로 주어지는 것이므로 지가의 등락에 불구하고 손쉽게 증감시킬 수 있는 것이 아니다.[22] 때문에 토지의 경우 가격 변동과 수요공급의 관계

---

22 스미스는, 토지 활용에 대한 가격으로 간주되는 지대는 당연히 독점가격이라고 한다. 토지는 자본주의적 생산을 통해 그 수량을 늘려 갈 수 있는 것이 아니므로 토지 소유자는 재화의 희소성에 따른 특별한 이익을 얻게 된다는 의미로 해석된다.

는 제한적이다. 치안, 행정, 전기, 상하수도, 터널과 같은 공공재는 이윤에 종속되는 것이 아니므로 자본주의 시장경제의 법칙이 그대로 적용되지 않는다. 노동력 상품은 어떠할까?

리카도는 노동력에 관하여는 다음과 같은 주장을 하고 있다. 리카도는 "노동(력) 역시 자연가격과 시장가격이 있으며, 노동의 자연가격은 통상 노동자들이 생존하고 자신들의 씨족을 늘리거나 줄이지 않고 존속시키는 데 필요한 가격을 말하고, 노동자가 자신과 노동자 수를 유지하는 데 필요한 가족을 부양하는 능력은 그가 임금으로 받는 화폐의 양이 아니라 그것으로 구입하게 될 식량, 필수품, 그리고, 관습상 그에게 필요불가결하게 된 편의품의 양에 달려 있다,"고 한다. 리카도가 말하는 '노동의 자연가격'이라는 개념은 마르크스가 말하는 노동력의 가치 혹은 재생산비와 유사한 개념으로 보인다. 노동력의 시장가격은 일시적, 우연적으로 자연가격을 벗어나지만 다른 상품들과 마찬가지로 자연가격과 일치하려는 경향을 띤다고 한다. 리카도는 "다른 모든 계약과 마찬가지로 임금도 시장의 공정하고 자유로운 경쟁에 맡겨져야 하며, 입법부의 간섭으로 통제되어서는 아니 된다"고 한다. 구빈법은 "의회가 자애롭게 의도한 것처럼 빈민들의 상태를 개선하는 것이 아니라, 빈민과 부자 모두의 상태를 악화시키는 것이므로 폐지되어야 한다"고 주장한다. "구빈법은 분별과 근면에서 온 임금의 일부를 빈민에게 제공함으로써 절제를 쓸모없게 만들고 무분별을 초래하였다"고 하며, "구빈법의 범위를 점차 축소함으로써 빈민들로 하여금 임시적인 자선에 의지하지 않고 스스로의 생계를 위해 노력하게 하여야 한다"고 주장한다.[23]

고전파 정치경제학의 노동가치설은 노동이 생산물의 가치를 창출하는 유일한 원천이라고 하면서도 그들의 관심은 자본과 이윤에 관한 것이고 정작 노동과 임금에 대하여는 거의 아무런 배려나 관심이 없다. 생산물의 가치는 오로지 그 상품의 생산에 투하된 노동의 양에 의해 결정된다고 하면서도 그와 같이 결정적인 기여를 한 노동에 대하여는 재생산비 이상의 배분을 전혀 고려하지 않는 것이다. 더 나아가, 그 이상의 배분은 오히려 유해한 것으로 취급하기까지 한다. 마르크스가 '정치경제학을 비판'하는 핵심이 거기에 있다. 마르크스는 재생산비를 넘는 노동을 잉여노동이라고 부르고 지불받지 못한 노동이라고 부른다. 그러나 마르크스는 노동력의 자연가격이 재생산비라는 고전파 정치경제학의 잘못된 주장을 그대로 받아들여 그 위에서 잉여가치설을 주장한 오류를 범하고 있다.

리카도는 노동가치설이 적용되는 범위, 즉, 상품들의 교환비율은 투하된 노동량에 비례한다는 법칙이 적용되는 범위가 자본주의적 생산물, 즉, 가격의 변동에 따라 자본과 고용이 증감되어 공급량을 변동시킬 수 있는 상품에 한정된다고 하면서도, 모순적으로, 자본주의적 상품생산에 의하지 않는 노동력을 일반 상품들과 달리 취급하지 않는다. 노동의 교환가치가 재생산비를 기초로 결정되는 것이 자본주의적 생산의 자연스럽고 고유한 규율이라는 주장인데 그 근거에 대해서는 아무런 설명이 없다.

정치경제학은 물론이고 이를 비판한 마르크스 역시 노동력의 교환가치가 노동력의 재생산비라는 전제 위에서 이론을 전개하고 있지만 그 근거는

---

23 리카도의 이러한 주장을 오늘날 적용한다면, 현대복지국가에서의 사회보장제도의 필요성을 부정하는 주장이 될 것인데, 장애인, 병약자, 고령자와 같이 노동시장에서의 경쟁력이 애초부터 취약한 계층에 대해서도 다른 사람들과 똑 같이 경쟁하라고 요구하는 것이 된다.

제시하지 못한다. 그들은 임금이 생계비 수준에 머물고 있던 당시의 현상을 그대로 법칙으로 이해하였을 뿐이다. 리카도는 임금이 재생산비라는 전제 위에서 이를 상수처럼 취급한 후 자본의 이윤과 지대를 규율하는 법칙을 찾아내려고 한 것이고, 마르크스는 임금이 재생산비라는 전제 위에서 역시 이를 상수처럼 취급하여 잉여노동을 규명하고자 하였다. 그러나 앞서 말한 바와 같이, 노동시장에서 노동력의 가격이 (소위 노동력의 자연가격이라는) 노동력 재생산비를 지향하는 것이 아님은 역사적으로 충분히 증명되었다.

2. 경제분야별 특성

노동가치설 및 그에 기초한 분배의 원리는 모든 경제 분야에 적용되는 것이 아니라 자본주의적 생산방식에 의해 생산되는 상품에 적용되고, (그러한 상품 거래에 관해서도) 시장의 실패가 없는 조건에서 그대로 적용될 수 있다.

그러므로 공정한 분배를 위한 정치경제학은 다양한 경제 분야 가운데 자유로운 시장에 의해 합리적 분배가 이루어지는 분야와 그렇지 않은 분야를 구분하고, 다음으로, 각 부문별로 정책적 과제를 모색하는 것이 되어야 할 것이다. 우선, 자유로운 시장에서의 경쟁을 통해 효율이 달성되는 분야와 시장의 기능이 제한되는 분야에 대한 구분으로부터 시작할 수 있다.

제1분야 자유경쟁시장 분야. 일반적으로는, 재화와 용역에 관하여, 시장에서의 자유로운 경쟁에 맡겨지는 것이 각 경제주체의 이익을 가져올 수 있는 최선의 정책이다. 이 분야에서는 시장의 실패를 초래할 요소를 제거하는 것이 목표가 된다. 주요 과제는 진입장벽의 제거 또는 감소와 독과점의 제한이다.

제2분야 속성상 공급이 제한되는 분야. 자연적인 속성으로 인하여 공급이 제한되는 상품의 거래는 이를 시장에 맡기는 경우에 불공정한 이익이 발생할 수 있다. 이 분야에서는 불공정 이익을 사회에 귀속시키는 것이 주요한 과제가 된다. 이 분야에서 국민경제적으로 중요한 것은 과거에는 토지와 주택이었고, 정보통신 사업이 발달한 현대에는 전파가 중요한 것이 되고 있다.

제3분야 노동시장과 자영업 분야. 노동력 상품은 자본주의적 생산, 즉, 노동에 의해 제조되는 상품이 아니므로 시장에서의 자유로운 경쟁이 해당 경제주체의 최선의 이익을 가져온다는 법칙이 그대로 타당하다는 근거가 없다. 노동을 고용하지 않거나 거의 고용하지 않는 자영업 분야 역시 자본주의적 생산에 의하지 않으므로 시장경쟁 원리가 그대로 적용될 수 없다. 그런데, 노동자와 자영업자는 상호 전입출할 수 있는 관계이기 때문에 그 상호 연관성이 중요하게 된다.

제4분야 사회보장 및 사회적 경제 분야. 일부 경제주체는 신체적 정신적 기타 사유로 원천적으로 경쟁에서 취약할 수 있다. 장애인, 노약자 기타 사회적 약자들을 비롯하여 자유로운 경쟁에 본래적으로 취약한 사람들에 관하여는 다른 규율이 필요하다. 이는 사회보장 및 사회적 경제와 관련된 분야다.

제5분야 공공재. 이윤율이 지배하지 않는 행정, 치안, 도로, 항만 등 공공재에 관하여는 별도의 규율이 필요한 분야다.

제1분야인 자유시장 경제의 영역에 관하여는 일반적인 경제학에서 다루고 있고, 제5분야인 공공재에 관하여도 그 분야의 학문이 따로 발전해왔다. 제4분야인 사회보장 및 사회적 경제 분야에 관하여는 비교적 최근에 학문적 연구와 입법이 진행되고 있다. 사회보장에 관하여는 1995년 말 사회보장기본법이 제정되었고 관련 법률들이 제정, 개정되어오고 있으며, 사회적 경제 분야는 2007년 1월 사회적 기업 육성법이 제정되었고 최근 사회적 경제 기본법 제정이 추진되고 있다.

이와 같은 제1, 4, 5 분야는 해당 분야에 관한 전문적 연구가 진행되는 사항이고, 이 책의 논의는 제2분야와 제3분야에 관한 것이다. 정의로운 분배를 달성하기 위하여 제2분야와 제3분야가 어떻게 규율되어야 하는가? 하는 문제다.

3. 최상위 규범: 인간의 존엄과 평등

분야별 규율을 논의하려면 그에 앞서 그 규율이 달성하고자 하는 목적, 즉, 어떤 가치를 실현하고자 하는 규율인가 하는 문제가 선결문제로 제기된다. 경제 각 분야에 대한 규율을 여하히 하여야 하는가, 즉, 어떤 보편적인 가치를 지향하기 위한 규율이 되어야 하는가라는 문제다. 이는 세계관의 문제이고 이데올로기의 문제다.

흔히 현대 국가의 이념을 '복지국가'라고들 말한다. 세계 선진국들은 대부분 복지국가헌법을 지향하고 있다. 그러나 '복지'가 인류의 보편적인 가치인가에 대해서 일반적인 동의를 얻어낼 수 있는지는 의문이다. 예를 들어 북유럽 사회민주주의 국가에서는 '복지'가 보편적인 가치라는 데 다수의 국민들이 동의할 가능성이 높지만, 여전히 그 복지에 소요되는 경제적 재원을 나누어 부담해야 하는 계층을 납득시키지는 못할 것이다. 그런 의미에서 '복지'는 일종의 편향을 가진 가치다. 편향을 최대한 희석화한 가치로는 '휴머니즘'을 들 수 있다. 그러나 휴머니즘은 누구도 부인하지 못할 보편적 가치이기는 하지만, 너무 추상적이다.

일반적 동의를 얻을 수 있는 가치로서의 휴머니즘을 구체화한 가치로서 현대복지국가 헌법의 최상위 규범으로 정착된 것은 '인간의 존엄'과 '평등'이다.

휴머니즘을 달성하기 위한 보편적인 원리 또는 제도로 '민주주의', '국민주권', '자유권적 기본권', '생존권적 기본권', '4대 의무' 등이 정립되어 왔는데, 이러한 헌법규범들은 인간의 존엄과 평등을 실현하기 위하여 더 세분화된 규범들이다. 이런 세분화된 규범들은 '휴머니즘을 추구하기 위해 사회와 그 구성원에게 부여하는 권리 및 그들에게 부담하게 하는 의무'라고 할 수 있다. 이들 규범들은 '인간의 존엄과 평등' 즉, '인간은 누구나 존엄한 존재이고, 때문에, 모든 인간은 평등한 대우를 받아야 한다'는 가장 기본적 가치를 향하고 있다. 어떤 헌법적 규범도 이 기본적 가치에 반하지 않으며, 이 기본적 가치의 실현을 그 규율의 목적으로 하고 있다. 신자유주의, 혹은, 파시스트들은 최상위 규범이 '자유'라고 주장하곤 한다. 그러나 자유는 상위규범이기는 하나 최상위 규범이 아니라 최상위 규범으로부터 파생되는 구체적 기본권 중의 하나다. 자유는 다른 사람들의 이익을 해하지 않아야 한다는 점에서 사실은 매우 제한적인 규범이다. 아파트에서 노래 부르고 애완동물을 키우는 것조차 제한이 필요할 정도로 자유권은 제한적인 규범이므로 최상위 규범일 수는 없다. 자유는 인간의 존엄에서 파생되는 원리이고 다른 사람의 존엄을 해치지 않는 범위에서 허용되는

<표 1> 우리 헌법의 기본권 편제

<table>
<tr><td rowspan="2">최상위 규범</td><td>인간의 존엄성</td><td>인간의 존엄과 가치, 행복 추구권, 자기결정권, 인격권</td><td>제10조</td></tr>
<tr><td>평등</td><td>평등의 원칙, 평등권</td><td>제11조</td></tr>
<tr><td rowspan="4">기본권</td><td>자유권적 기본권</td><td>인신(생명, 신체)의 자유
사생활(사생활, 주거, 통신)의 자유
정신적(양심, 종교, 언론출판, 집회결사, 학문과 예술) 자유
경제적(재산, 직업, 소비자) 자유</td><td>제12조
~
제23조</td></tr>
<tr><td>정치적 기본권</td><td>정당활동의 자유, 참정권</td><td>제24조
~
제25조</td></tr>
<tr><td>청구권적 기본권</td><td>청원권, 재판청구권, 국가배상청구권,형사보상청구권,
범죄피해자구조청구권</td><td>제26조
~
제30조</td></tr>
<tr><td>사회권적 기본권</td><td>인간다운 생활을 할 권리
교육을 받을 권리
근로의 권리, 근로3권
환경권
혼인과 가족권
모성의 보호와 보건권</td><td>제31조
~
제36조</td></tr>
</table>

* 이 표의 기본권 편제는 『기본강의 헌법(개정8판)』(정회철)을 참조하였다.

규범이다.[24] 파시스트들은 코뮤니즘 국가의 사회 체제의 부당성을 부각시키기 위해 자유야말로 포기할 수 없는 최상위 가치라고 주장하지만, 그들이 부당하다고 주장함으로써 달성하려고 하는 실제 목적, 즉, 국익을 명분삼아 국민의 자유권적 기본권을 부당하게 제약하는 것이야말로 이들 파시스트들의 본질이다.

24 헌법이 평등에 관하여는 일반적인 원칙을 선언하는데 그치고 있는데 비하여 자유권적 기본권에 관하여는 내용을 여러 조항에 걸쳐 구체적으로 열거하고 있는 것도 자유권은 구체적 규범이지 최상위 규범은 아니기 때문이다.

인간의 존엄과 평등이라는 최상위 규범에서 직접적으로 파생되는 원리는 사회적 책임이다.

사회는 사회구성원들이 어떤 목적을 달성하기 위해 조직한 단체이고, 그 어떤 목적이란 그 사회를 통하여 구현하고자 하는 가치, 즉, 인간의 존엄과 평등의 구현이므로, 결국, 사회는 인간의 존엄과 평등을 달성하는 것을 목적으로 하여 조직된 단체다. 사회와 그 구성원은 사회의 존립 목적인 인간의 존엄과 평등의 구현을 위해 행할 책임, 즉, 사회적 책임을 부담한다. 사회적 관계는 기본적으로 권리와 의무 관계다. 그리고 그 권리와 의무의 내용은 보편적 가치로서의 인간의 존엄과 평등을 실현하는데 부합하는 것이어야 한다. 인간의 존엄과 평등을 실현하는데 부합하도록 사회와 구성원 사이의 권리 의무를 정하려면 필수적으로 사회와 구성원 사이 및 구성원 상호간의 사회적 책임을 인정하여야 한다. 일부 계층의 존엄과 평등이 아니라, 사회구성원 일반에 대하여 보편적으로 인간의 존엄과 평등을 추구하자면 사회적 책임을 인정하는 것 외에는 다른 선택이 있을 수 없다. 그런 의미에서, 인간의 존엄과 평등이라는 최상위 규범에서 직접 파생되는 원리가 사회적 책임이다.

그렇기 때문에 복지국가헌법이념 혹은 사회민주주의 이데올로기는 '사회적 책임제 민주주의'로 발전되어야 한다.

예컨대, 사회민주주의 사회에서 부자가 사회적 약자를 위해 재원을 양보하여야 하는 근거는 사회적 책임에 있다. 그 사회에서 채택된 '자유경쟁'이라는 규율은 경쟁할 수 있는 자들에게는 합리적인 규율이지만, 신체적 정신적으로 경쟁에서 취약한 자들은 이에 동의하지 않음에도 불구하고 강요된 규율이다. 그런 규율을 사회적 규율로 채택하는데 동의하여 이를 규범으로 삼고자 하는 다수는 그 규율을 채택함으로써 불리함을 당하는 소수의 사회적 약자들에게 합리적 수준의 보상을 하여야만 인간의 존엄과 평등이 보편적으로 실현될 수 있다. 그것은 결코 자애로움이나 양보가 아니며, 이득을 취하는데 따른 응분의 대가의 지불이고 당연한 책임의 부담이다.

4. 사회적 책임제 민주주의

사회적 책임제 민주주의는 경제적인 측면에서 공정하고 정의로운 분배를 달성하기 위한 정치 원리라고 할 수 있다. 분배의 문제는 신분, 인권 및 사회적 지위의 향상과 불가분의 관계에 있기 때문에 경제적 공정은 정치적 민주주의 이념과 궤를 같이 한다. 정의로운 분배는 사회적 책임제를 통해 달성될 수 있다. 경제적 측면에서, 사회가 구성원에 대한 책임을 다하고, 개인은 사회에 대한 책임을 다하고, 개인 간에 서로 책임을 다하는 사회는 분배의 정의가 실현될 수 있다.

원래 사회와 구성원 사이는 어떤 내용이든 책임관계가 존재한다. 어떤 사회라도 예외가 있을 수 없다. 노예제 사회는 적어도 노예에게 식량을 제공할 책임을 그 사회가 부담한다. 개별 노예주의 책임을 넘어서서 그와 같은 사회시스템이 존재하여야 노예제 사회가 유지될 수 있다. 유럽 봉건제 사회에서는 경작할 토지를 농노에게 제공하고 외부의 침략을 방어해주어야 할 책임을 그 사회가 부담한다. 양모 생산을 위해 농노로부터 경작지를 빼앗아 목축을 하는 젠트리가 늘어나게 되면 농노제 사회의 시스템은 파괴되기 시작하고 결국 다른 제도의 사회에게 자리를 내어주게 된다.

사회가 사회구성원에게 아무런 책임도 부담하지 않아도 무방한 사회는 존재하지 않는다.

사회가 그 구성원에게 어떠한 책임도 부담하지 않아도 무방한 것으로 주장되고 또한 그것이 타당한 것으로 여겨진 사회는 초기 자본주의사회다. 소위 자유방임주의이다. 인류가 사회를 구성하여 생활하는 이유는 사회를 통하여 얻는 이익이 있기 때문이므로 사회가 사회구성원을 위하여 아무것도 하지 않아도 되는 사회가 존재한다는 것은 논리적 모순이다. 때문에 경제에서의 자유경쟁과 함께 정치에서 자유방임이 최선의 정책이라는 주장은 일시적인 시대상황을 반영하는 것일 뿐이다. 근대사회, 즉, 중세의 속박으로부터 시민권을 확립하는 과정에서는 그 시대적 요구에 따라 자유와 권리가 지나칠 정도로 강조되었던 것뿐이다. 사회는 개인을 속박하지 않아야 하고 그 외에는 아무 짓도 하지 않는 것이 최선이라는 사상은 그 시대상황의 요구에 따른 착각에 불과하다.

소위 자유경쟁이란 필연적으로 경쟁에서 점점 낮은 비율의 소수의 승리자와 점점 높은 비율의 패배자를 양산하는 결과를 무제한으로 허용하여 소수의 지배계층이 다수의 사회구성원으로부터 그 사회를 통해 생성된 이익을 점점 더 높은 비율로 빼앗아가는 것이 필연적이다. 그러한 부정적인 결과에 대한 반격은 무정부주의와 공산주의의 형태로 나타났고, 이에 대한 반성은 수정자본주의와 복지국가를 지향하는 것으로 수정되었다. 그러나, 수정자본주의와 복지국가이념은 여전히 자유경쟁과 방임을 최선이라고 주장하면서 그 위에서 소위 소득재분배라는 명목으로 시혜와 동정을 베풀어 극단적 저항을 봉쇄하자는 것일지언정 문제의 본질적 해결이라고는 볼 수 없다. 자본주의사회의 이익을 공평하게 향유하지 못하는 민중에 대해 그들의 극단적인 저항을 무마할 목적으로 방임의 기조를 그대로 유지하면서 시혜적인 수정을 통해 복지국가를 표방하는 것은 본질적인 해결이 될 수 없다. 심지어 신자유주의는 그 시혜적 수정조차도 불필요하다고 주장하면서 완전한 무한경쟁으로 돌아가자고 선동한다.

자본주의사회가 본질적으로 자유경쟁이 원칙이라는 주장은 사회의 본질이 사회적 책임관계라는 것을 몰이해하는 데서 비롯된 주장이다. 자본주의에서는 자유경쟁이 최선의 결과를 낳는 영역이 비교적 넓은 것은 사실이지만, 모든 영역이 그러한 것은 아니고 자본주의에 고유한 사회적 책임이 존재한다. 중세적 속박으로부터 해방을 추구하는 과정에서 자유와 권리가 강조되는 바람에 간과되었던 사회적 책임을 정당한 지위로 복권시키는 것은 원칙의 수정이 아니라 원칙을 복원하는 것이다. 사회적 책임이란 사회의 구성원에 대한 책임, 구성원의 사회에 대한 책임, 구성원 사이의 책임을 말하고, 사회를 구성한 이상 필연적으로 부담하여야 하는 책임이다. 사회적 책임은 각 사회마다 내용이 달라질 뿐 사회적 책임으로부터 자유로운 사회는 없다.

민주주의 사상은 본래 중세의 신분적 구속으로부터의 해방을 위한 이념으로 출발하였기 때문에 '자유'와 '권리'를 핵심적인 요소로 담게 되었다. 시민사회는 상당한 기간 동안 자유와 권리를 인정하는 것만으로도 민주주의가 달성되는 것으로 여겨왔지만, 무한한 자유경쟁체제를 아무런 제한 없이 유지해온 결과 약육강식에 의한 사회적 강자들의 사회적 약자들에 대한 약탈을 낳았고, 자유와 권리만으로는 사회구성원들이 전반적인 생존과 행복에 이를 수 없다는 것이 밝혀졌다. 자유와 권리에 더하여 '사회적 책임'이 민주주의 실현을 위한 제3의 요소로 자리 잡아야 하는 이유다.

'자유와 권리'는 개인과 사회의 관계를 소극적인 측면으로 파악하고 있다. 개인이 사회에 대해 구속받지 않고 권리를 보장받아야 하는 관계를 넘어서서 상호적이고 능동적인 관계, 즉, 개인은 사회에 대하여, 사회는 개인에 대하여 응분의 책임을 부담하는 관계로 정립되어야 한다. 사회는 구성원들의 보편적인 존엄과 평등을 실현하여 개개인들의 행복을 추구하기 위해 구성된 조직이므로 그 조직의 목적에 부합하려면 사회는 그 구성원에 대해 책임을 부담하여야 하고, 다른 한편, 개인들은 사회를 통해 이익을 실현하는 만큼 사회에 대한 책임을 부담하여야 한다.

사회적 책임제 민주주의는 '자유', '권리'에 더하여 '사회적 책임'을 3대 기본 요소로 하고, '정의로운 분배가 이루어지는 사회'를 경제사회적 목표로 하며, '공정한 경쟁'을 기본적 사회질서로 하는 사회라고 할 수 있다.

'정의로운 분배'를 달성하기 위한 정치경제학적 과제는 주로 앞서 말한 제2분야와 제3분야에 관한 규율에 중점을 두게 된다. 그 규율은 가치의 유일한 원천인 노동에 관하여 분배의 정의를 실현하는 것을 기본적인 과제로 삼아야 하고, '자유경쟁'이 아니라 '공정한 경쟁'에 입각하여야 한다. 공정한 경쟁(fare competition)은 인간의 존엄과 평등의 파생원리인 사회적 책임 원칙에 따라 '경쟁할 수 있는 기초의 제공'과 '불공정한 이익의 금지'를 기본내용으로 하여야 한다. 그 구체적인 내용은 그 사회의 발전의 정도에 의해 제한되고 사회적 구성원의 합의에 의해 제도화될 수 있다.

제3분야인 '노동시장과 자영업 분야'에 관한 규율과 관련하여서는 '공정한 분배가 이루어질 수 있는 노동시장은 어떻게 달성될 수 있는가'라는 문제가 가장 중요하고, 제2분야인 '속성상 공급이 제한되는 분야'에 관한 규율과 관련하여서는 '불공정 이익의 환수' 문제가 중요하다.

5. 착취의 경제학

자본주의사회의 근본적 갈등은 분배의 문제다. 정의로운 생산과 분배를 논하려면 그 반대 개념인 착취가 무엇이고 어떻게 이루어지는지를 먼저 살펴볼 필요가 있다.

통상의 경제학적인 개념으로서의 '착취'란 '노동착취', 즉, 정당하게 지불하여야 할 임금이 지불되지 않고 임금에 비해 현저히 장시간의 노동이 강제되는 것을 말한다. 자본주의사회에서 생산수단을 가진 자본가는 노동자들을 임금을 주고 고용하여 노동하게 한 후 그 생산물을 시장에 팔아 그 매출액에서 생산비(임금, 재료비, 감가상각비 등)를 뺀 나머지를 이윤으로 가지게 된다. 착취가 이루어진다는 것은 적정한 임금이 지급되지 않는다는 것, 즉, 부당한 혹은 초과적 이윤이 존재한다는 것을 말한다. 이에 비해 정의로운 분배란 임금과 이윤이 적정하게 형성되는 것을 말한다고 할 수 있다.

서구 경제학은 '착취는 적정한 임금이 지급되지 않는 것' 정도로 이해하지만, 마르크스 경제학은 착취 문제를 자본주의사회의 근본 문제로 다룬다. 마르크스 경제학적인 개념으로서의 '착취'란 자본주의적 생산의 본질이다. 생산수단을 소유하지 못한 무산자인 노동자들은 필연적으로 생산수단을 독점한 자본가에게 고용되어 노동하여야 하고, 오로지 그 이유 때문에 노동자들에게 잉여노동이 강제되며 그 잉여노동의 산물인 이윤이 자본가에게 귀속된다. 노동자가 자본가에게 이윤을 안겨주기 위해 행하는 노동시간, 즉, 잉여노동시간 만큼의 착취가 이루어진다는 것이다. 이렇듯 마르크스 경제학에서 착취는 자본주의의 제도 자체, 자본주의적 생산양식에서 고유하고도 필연적으로 일어나는 현상으로 본다. 자본가와 프롤레타리아 사이의 계급투쟁은 자본주의의 본질적이고도 필연적인 갈등이며 사회주의 혁명에 의해 자본주의적 생산양식이 종식되지 않는 한 해결될 수 없는 근본적인 모순이 된다.

이에 비해 서구 경제학은 착취라는 개념을 전혀 다른 원리로 설명한다. 마르크스주의 경제학이 '생산과정'에 초점을 두어 착취를 설명하는데 비해, 서구 경제학은 '노동시장'에 초점을 두어 착취를 설명한다. 착취는 정당하게 지급받아야 할 임금보다 적게 받는 것을 말하고, 이 때 기준이 되는 임금은 노동시장에서 완전경쟁이 이루어질 때의 임금이다. 노동시장에서 완전경쟁이 일어난다면, 노동인력의 수요량과 공급량에 의해 노동력의 가격, 즉, 임금이 결정되므로 그렇게 결정된 임금을 받는 것은 그것이 많든 적든 간에 당해 노동시장에서는 정당한 임금이기 때문에 착취가 아니라는 것이다. 그런데, 현실의 노동시장은 여러 가지의 이유로 불완전 경쟁이 발생할 수 있고 이 때 착취가 일어난다는 것이다. 특정 노동력에 대한 수요의 독점, 특정 노동수요에 대한 노동력의 과부족, 노동조합과 기업결합 등에 의한 노동시장의 왜곡과 변형, 최저임금제 등 각종 제도적 규제의 영향 등으로 인해 현실의 노동시장은 완전경쟁과는 상당한 차이를 보이게 된다고 본다. 그러므로 노동 착취를 없애거나 줄이는 문제는 노동시장의 건전성을 확보하는 문제일 뿐이라고 본다.

6. 노동력/노동시장이 상품/상품시장과 다른 점

정의로운 분배를 논하려면, 노동력이라는 상품의 특성과 노동시장의 특성을 먼저 살펴볼 필요가 있다.

마르크스 경제학에서는 노동력이라는 상품이 제조 상품과는 다른 특성을 가진다고 하면서, '① 노동력의 가치는 노동력의 재생산비를 본질로 한다. ② 노동력의 교환가치도 노동력의 가치를 기반으로 하여 정해진다. ③ 노동력의 사용가치는 노동을 할 수 있는 것이고 특히 필요노동시간을 넘어 잉여노동까지 수행할 수 있는 것이다'라고 설명한다.

일반 상품의 경우에 가치를 기초로 하여 교환가치가 결정된다는 것은 자본과 노동의 자유로운 이동을 전제로 한다. 어떤 상품이 생산비에 비해 지나치게 높은 가격으로 거래되어 높은 이윤을 취하게 되면, 다른 상품의 제조를 하던 기업가는 그 상품 제조로 전환하게 되기 때문에 공급이 늘어 가격이 인하되는 조정이 이루어진다.

그런데, 다른 상품과 달리 노동력이라는 상품은 가격 변동에 따른 공급의 조정이 용이하지 않다는 특징이 있다. 전자 분야의 전문인력이 높은 임금을 받는다고 하여 건설 분야의 전문인력이 전자 분야로 쉬 옮겨갈 수 없다. 어느 직업군이 연봉이 높아져서 인기를 끌고 부모들이 자녀들을 그 직업군에 진출시키기 위해 노력을 한다고 한들 그 직업군에 진출하는 인력이 증가하기까지는 상당히 오랜 세월이 지나야 한다. 공급 측면에서의 이동 증감이 어렵다는 것은 가치를 기초로 교환가치가 형성되기 어렵다는 것을 뜻한다.

시장기구의 조정 기능이 제한적이므로, 상품시장과는 달리 노동시장은 아무런 정책적 개입 없이 자유로운 경쟁에 맡겨두는 것만으로는 효율이 달성되지 않는다.

상품시장과 노동시장이 다른 또 하나의 특성은 노동의 재생산비가 노동력의 교환가치와 강한 상관관계를 가지지 않는다는 점이다.

연봉이 2배 차이가 나는 직업군 사이에 각 노동력 재생산비가 2배 차이가 나는 것은 아니다. 전자 분야의 전문인력으로 연봉 1억 원을 받는 자가 출산부터 교육과정을 거쳐 입사할 때까지 소요된 총비용과 문과대학을 졸업하여 중소기업의 사무직원으로 연봉 5,000만 원을 받는 자의 출산부터 교육과정을 거쳐 입사할 때까지의 총비용을 비교할 때 그것이 2배의 차이가 나는 것은 아니다. 지방대 출신으로 중소기업에 근무하는 사람의 연봉과 서울 명문대 출신으로 대기업에 근무하는 사람을 비교할 때 두 사람 사이에 투입된 학비의 차이는 크지 않지만 연봉의 차이는 2배 이상 차이를 보일 수도 있다. 또한, 임금을 결정할 때, 그 사람의 자질과 능력을 보고 결정하는 것이지 그 사람의 재생산비용을 추산하여 결정하는 것은 아니다. IT분야의 천재들은 학력이 비슷한 다른 사람들보다 수배의 고액 연봉을 받을 수도 있다. 자산운용관련 직종에 종사하는 사람들은 학력과 경력이 유사한 데도 낮은 연봉을 받는 사람에 비해 수배의 높은 연봉을 받는 사람들이 존재한다.

위와 같이, 노동력의 공급은 가격 민감도가 약하고, 노동력의 재생산비와 교환가치 사이에 상관관계가 약하며, 임금수준의 결정에서 그 사람의 재생산비가 고려된다고 보기는 어렵고, 임금 결정의 가장 중요한 요인은 그 사람의 직업 수행능력, 즉, 사용가치다.

노동력의 자연가치와 시장가치를 일반 상품과 같은 것으로 주장하고 노동력의 자연가치는 노동력의 재생산비라고 하는 전제 위에 서 있는 리카도나 마르크스의 이론은 노동에 대한 정의로운 분배를 논하기에 적절하지 않다.

7. 적정한 임금

'적정한 임금'이란 매우 다양한 관점에서 논해질 수 있다.

휴머니즘의 관점에서는, 노동자와 그 가족이 의식주를 무리 없이 해결하고 문화생활을 즐기면서 행복한 인생을 보낼 수 있는 수준의 임금을 적정한 임금이라고 평가할 것이다. 이런 관점에서는 그 임금의 많고 적음만을 가지고 적정성을 평가하지는 않는다. 쾌적한 근로환경이나 성취감과 같은 주관적 요인도 중요한 평가지표가 될 것이다. 그 외에도 고용의 안정성, 장래성, 그 직업에 대한 사회적 평판과 같은 여러 사회적 요인들도 중요할 수 있다.[25]

마르크스 경제학의 관점에서는, 자본주의 하에서는 적정한 임금이란 존재할 수 없고 지불받은 노동과 부당하게도 지불받지 못한 노동이 있을 뿐이다. 그리고 사회민주주의 관점에서는, 사용자 단체와 노동자 조직 사이의 역학 관계 속에서 상호 양보를 통해 합의된 임금수준이 적정한 임금일 것이다. 마르크스주의나 사회민주주의적 관점은 노동력 상품에 관한 시장기구의 작동의 효율이나 건전성은 주목받기 어렵다.

종래의 서구경제학적인 관점에서는, 왜곡되지 않은 노동시장에서 노동력의 수요와 공급의 법칙에 의해 결정되는 임금은 그것이 많든 적든 공정한 임금이고 착취가 없는 임금이 된다. 여기서, 노동시장의 왜곡이란 독점

25 스미스는 임금의 높고 낮음을 결정하는 5가지 조건으로 '①직업의 명예, 청결도, 쾌적성, ②기술 습득의 난이도와 학습비용, ③고용의 안정성, 지속성, ④노동자에 대한 신임, ⑤해당 직업의 장래성'을 들고 있다.

과 과점, 노동조합이나 기업결합, 각종 입법적 규제(예를 들어, 최저임금제) 등을 염두에 두고 하는 표현이다.

한편, 사회적 책임제 민주주의 관점에서는, 사회와 구성원이 각자 책임을 다하여 공정한 경쟁이 이루어지는 노동시장에서 형성되는 임금이 적정한 임금이라고 정의할 수 있다.

'자유경쟁'과 '공정한 경쟁'은 다른 개념이다. '자유로운 경쟁'이라고 주장하는 이면에 숨어있는 의도는 사회경제적 강자가 약자를 약탈하는데 있어서 모든 수단을 허용해달라는 것, 즉, 강자의 약자에 대한 약탈을 무제한 허용해달라고 요구하는 것이다. 특히, 신자유주의는, 사회 경제 및 정치적인 무기를 독점한 계층이 어떤 무기도 가지고 있지 않은 사회적 약자들과 제한 없는 경쟁을 할 수 있도록 허용하는 것을 '자유 경쟁'이라고 주장한다.

앞서, '제3분야'로 분류한 노동시장과 자영업 분야는 무제한의 시장경쟁에 의해 사회적 효율이 달성되지 않는 분야다. 이 분야에서는 일반 상품시장과는 다른 규율이 필요하다. 그 다른 규율은 사회적 책임에 입각한 공정한 경쟁을 기초로 형성될 수 있다.

'공정한 경쟁'이란 무기의 평등, 즉, '경쟁할 수 있는 필요 최소한의 수단을 갖춘 자들 사이의 경쟁'을 요건으로 한다. 경쟁할 수 있는 수단 자체가 흠결된 상대와의 경쟁은 공정을 논할 기초 자체가 형성될 수 없기 때문에 그 자체로 불공정하다. 경쟁할 수 없는 상대에 대한 경쟁은 약탈이 된다.

8. 노동시장에서 공정한 경쟁의 조건

현대 자본주의 발전과정에서, 사회경제적 강자인 자본가 단체에 맞서기 위해 노동자들이 단결하거나 쟁의를 일으키는 것은 상호 대등한 경쟁 수단을 갖추기 위한 방법으로 오랜 역사 속에서 정당성을 부여받아 노동삼권으로 제도화되었다. 또한 근로기준과 최저임금 등에 관한 제도적 보장을 통해 사회적 약자인 노동자들의 지위를 향상시켜왔다.

그러한 제도적 보장은 자본주의 경제의 발전에서 생성된 여력이 물적 토대를 제공한 것이었으므로 경기변동에 따라 수시로 반동적 시도에 의해 공격을 받았다. 신자유주의는 노동시장의 왜곡이 자본주의 발전에 심각한 위해를 가하고 있다고 주장하면서 노동시장에서의 무제한적 경쟁을 요구한다.

그러나 오히려, 노동시장에서의 무제한적 경쟁이야말로 노동시장에서의 시장기구의 정상적 작동을 방해하여 자본주의 발전에 유해하다. 노동력은 일반 상품과는 다른 특성을 가지고 있어서 아무런 정책적 개입 없이 노동시장에서 무제한적 경쟁이 이루어지도록 방치하면 노동시장은 점점 더 왜곡되고 필연적으로 비효율을 심화시키게 된다.

노동시장에서 노동력의 수요 공급 곡선이 마치 일반상품의 수요공급 곡선과 최대한 근사한 형태를 가지도록 정책적 개입을 해야만 최적의 효율을 도모할 수 있고, 또한, 그것이 자본주의적 발전의 지속 가능성을 높일 수 있다. 그러므로 노동에 대한 정책은 근로기준이나 최저임금과 같은 규제적 정책으로는 불충분하고, 노동시장이 자율적인 기능에 의해 최적의 분배효율을 달성할 있는 방향으로 모색되어야 한다.

스미스가 명시적으로 그렇게 표현한 것은 아니지만, 그의 이론에 의하면, 시장은 '보이지 않는 손'에 의해 최적의 효율을 달성하는 기구다. 시장은 서로 상반되는 이해관계가 충돌하고 끊임없는 경쟁이 이루어지는 곳이지만 각 경제 주체가 수요·공급에 의해 결정되는 재화의 가격을 지표로 자유롭고 책임 있는 경제활동을 수행한다면, 가격의 매개변수적 기능(parametric function of prices)에 의해 경쟁관계는 전체적인 조화로 발전하고, 모든 거래 당사자들에게 가장 이익이 되는 결과를 낳는 것으로 보았다. 다만, 그와 같은 최선의 결과가 나오려면 몇 가지 전제를 필요로 한다. 왜곡되지 않은 시장에서 경쟁의 공정성이 확보되어야 하고, 수요공급의 탄력성과 가격변동에 따른 신속한 시장균형이 가능하여야 한다. 이러한 전제조건이 성취되지 못하면 자원의 최적화된 배분은 실현될 수 없어 '시장의 실패'를 초래한다.

독과점이 등장하고, 국가가 중요한 경제주체로 등장한 현대 자본주의하에서는 자유방임의 정책으로는 위 여러 전제조건들이 충족될 수 없기 때문에 보이지 않는 손은 제대로 작동할 수 없다. 현대자본주의에서 시장의 실패를 막으려면 오히려 적극적인 정부가 필요하고 제도적 장치가 필요하다. 오늘날 나라마다 차이는 있지만 대부분의 나라가 경기변동 완화를 위한 재정정책, 사회보장제도 실시, 소득재분배 등 다양한 정책을 채택하고 있다. 현대국가는 선진국일수록 정부의 책임이 커지고 정부의 영향을 받는 경제부문이 확대되는, 복지국가와 혼합경제체제의 특징을 보이고 있다. 적극적 정부의 필요성 자체는 의문이 없지만 그 정책들이 공정한 분배를 직접적인 목표로 향해지는 것은 아니다.

일반적으로 '보이지 않는 손'은 생산자의 이윤과 소비자의 만족이라는 측면에서 말하여지지만 그것이 상품 시장에만 적용되는 것은 아니다. 모든 사회적 시장, 노동시장, 금융시장, 자본시장, 물품과 재화의 시장 등 모든 거래가 이루어지는 시장이 왜곡되지 않고 가격 기구가 정상적으로 작동된다면 급여, 금리, 상품 가격을 포함하여 모든 부문의 가격이 적정하게 형성되고 각 부문의 거래를 통해 분배, 즉, 사회 총원의 소득이 적정하게 나누어지는 결과가 될 것이다. 노동시장 역시 시장의 일종이므로 시장이 왜곡되지 않는다면, 기업가와 노동자가 각자의 이익에 충실하여 경쟁하면 최선의 결과를 낳을 수 있고, 수요 공급에 의해 합리적으로 노동력의 가격이 결정된다는 점은 동일하다. 건전한 노동시장에서 수요공급의 법칙에 따라 합리적으로 노동력의 가격이 결정될 수 있다면, 사회적인 의미에서는, 기업가와 노동자에게 공정한 분배가 되는 것이고 노동의 착취나 부당한 이윤은 없는 것이 된다. '정의로운 분배' 혹은 '공정한 분배'라는 관점에서 노동시장에서 보이지 않는 손에 의해 분배의 정의가 실현되려면 어떤 규율이 필요한가?

스미스의 완전한 자유는 자본과 노동의 자유로운 이동이 이루어지는 것을 말한다. 그는 "완전한 자유를 누리는 사회란 모든 사람이 자기가 적당하다고 여기는 직업을 선택하고, 적당하다고 생각할 때 마다 직업을 바꿀 수 있는 사회"라고 말한다. 이것이 노동시장에서의 시장의 실패를 막는 조건이다. 시장 기구가 정상적으로 작동하려면 수요와 공급의 적정한 탄력성이 확보되어야 하는데, 이를 위해서는 충분한 수요자와 공급자가 존재하여야 하고, 수요와 공급의 분화(다양성)가 이루어져야 하며, 산업 부문간 노동력 이동에 장애가 적어야 하고, 노동력 가격에 따라 노동력 공급의 증감이 용이하여야 한다.

수요와 공급의 적정한 탄력성이 확보되어야 한다는 의미는 가격이 상승하면 공급이 증가하고 수요가 감소하며, 가격이 하락하면 공급이 감소하고 수요가 늘어나되, 그러한 조정기능의 효과가 너무 가파르거나 너무 완만하지 않으면서, 조정에 이르는 기간이 짧다는 것을 뜻한다. 이런 조건하에서 가격의 매개변수 기능은 효율적으로 작동하며 수요자와 공급자 쌍방에게 최선의 이익을 가져올 수 있다. 노동시장이 이러한 조건하에 있다면 이윤과 임금은 공정한 배분이 이루어지게 된다.

먼저, 노동시장에서 수요자와 공급자의 충분성이 필요하다. 수요의 충분성이 부족하면 공급의 증감에도 가격변동이 너무 완만하게 되고, 공급의 충분성이 부족하면 수요의 증감에 대해 너무 가파른 가격변동이 일어나게 된다. 노동시장에서 수요의 충분성은 기업의 성장에 의해 달성되고, 공급의 충분성은 인구증가에 의해 기본적으로 달성된다.

다음으로, 노동력과 기업이 충분히 다양하게 분화되어야 한다. 다양한 분화는 선택과 대체를 용이하게 하기 때문에 수요와 공급의 적정한 탄력성을 확보해준다. 선택할 수 있는 대안이 적다면 가격의 변동에도 불구하고 수요나 공급의 증감은 용이하지 않게 된다. 상품시장에서 대체제가 많이 존재할수록 그 상품은 가격에 민감한 것과 유사하다.

노동시장에서 수요와 공급의 적정한 탄력성, 수요와 공급의 충분성, 노동력과 기업의 다양한 분화라는 3가지 요건 중 기업에 관한 요건들, 즉, 수요의 탄력성과 충분성, 그리고, 기업의 다양한 분화는 기술혁신과 경제성장을 통하여 달성되어야 하는 요건들이다.

나머지 요건들, 즉, 노동력 공급의 탄력성, 노동력 공급의 충분성(인구의 증가), 노동력의 다양성(분화) 등 3개의 요건은 목적의식적, 정치적, 제도적으로 추구하여야 하는 요건들이다.

9. 유급 출산휴가 후 공공육아

인구의 증감은 장기간에 걸쳐 이루어지는 것이지만 노동력의 공급에 근본적으로 영향을 미친다.

우리 사회의 인구 감소 문제는 '절벽'이라고 표현될 만큼 이미 심각한 문제다. 출산율 회복을 위해서는 공공 육아에 대한 근본적인 보장이 절대적으로 필요한 상황임에도 이에 대한 근본적인 대책은 첫걸음도 떼지 못하고 있다.

건전한 노동시장 형성을 위한 가장 긴급하고도 핵심적인 정책 과제는 출산과 육아의 문제를 사회적으로 해결하는 것이다. 출산과 육아는 사회 전체의 장기적인 노동력 공급의 문제이기도 하지만, 출산과 육아로 인한 근로수행의 장애를 해소하는 것은 노동력의 확보 및 분배(근로소득)의 측면에서도 중요하다.

그러므로 '유급 출산육아 후 공공육아'라는 슬로건은 인구 급감 문제의 해결과 공정한 분배를 위해 가장 중요한 과제를 표방하는 것이라 할 수 있다. 더불어, 출산과 육아로 인하여 고용상의 어떤 불이익도 엄격히 금지되어야 한다. 출산 육아로 인한 불이익 금지는 양성의 평등을 실질적으로 달성하기 위하여서도 반드시 준수되어야 할 원칙이다.

행복추구권의 기본은 가족을 이루고 생활할 권리다. 결혼하고 자녀를 낳아 가족을 이루고 생활하는 일은 과거에는 너무도 평범한 일이었는데, 이제는 중산층이 되어야 평범한 일로 여겨질 정도가 되었다. 우리나라 인구 재생산율이 1.0 이하가 아니라 0.6 이하로 떨어지면서 세계는 수십 년 내에 대한민국의 파국을 염려하고 있다.

결혼과 출산을 기피하는 가장 중요한 원인이 경제적 문제, 특히 주택 문제와 양육문제라는 점은 정부도 국민도 모두 잘 알고 있는 사실이다. 결혼 후 부부가 거주할 주택 문제가 해결되고, 아이를 출산하여도 부부 중 한쪽이 직장을 그만두지 않아도 되고, 자녀의 양육에 큰 돈이 들지 않는다면 우리 사회의 젊은이들이 결혼과 출산을 기피할 이유가 없다. 이 문제를 길어도 10년 내에 해결하지 않고는 대한민국의 파국을 면할 길이 없다. 이 문제를 근본적으로 해결하지 않는다면 반세기 내에 대한민국은 사회 시스템의 붕괴를 목격하게 될 것이다. 출산과 육아의 문제는 우리 사회의 존속 여부가 달린 중요한 문제가 되었고, 더 이상 개인적인 문제가 아니며 개인적 차원에서는 해결할 수도 없다.

근로자는 물론 자영업자까지도 출산과 육아가 생업에 장애로 작용하지 않도록 국가는 공공육아를 실시하여야 한다. 예컨대 출산 근로자는 출산 즈음 이후 1년의 유급 휴가(자영업자는 소득보장)가 보장되어야 하고, 그 기간 이후에는 생업에 지장이 없을 정도의 공공 육아 정책이 실시되어야 한다. 그 슬로건은 간단하다.

'자녀를 낳으세요, 키워드리겠습니다.'

자녀를 출산한 부모는 출산 휴가 후 공적 양육시스템에게 자녀의 양육을 맡길 수 있어야 한다. 고소득층은 베이비시터 등 보다 양질의 양육방법을 모색하겠지만, 중저소득층의 부부는 공적 양육시스템의 도움으로 마음 놓고 자녀를 양육하며 근로 또는 자영업을 영위할 수 있어야 한다.

부모의 출산 유급 휴가 이후부터 자녀의 돌봄이 필요하지 않은 시기까지 공적 양육을 시행한다면, 그에 필요한 사회적 시스템을 구축하는 일은 과연 가능하고, 우리 사회가 감당할 수 있는 사회적 비용의 범위 내에 있는 것일까? 공적양육시스템을 갖추는 일은 수년 내에도 가능하며, 그 시스템을 운용하는 데 필요한 비용은 우리 사회의 경제적 수준에서 감당할 수 없는 수준이 결코 아니다.

어느 정도 경제적 여유가 있는 수많은 맞벌이 부부가 이미 개별적으로 자신들의 영유아에 대한 다양한 양육방법을 실행하고 있고, 만2세 이상의 영유아에 대한 사회적 양육도 어느 정도 실행되고 있다. 저연령층 학생들의 방과 후 돌봄에 대한 시스템도 상당기간의 시행을 거쳐 왔다. 재정적 문제를 논외로 한다면, 방법론상으로 전국민 대상의 공적 양육 시스템을 구축하는 일 자체는 어려움이 없다.

현재 여성가족부가 시행하고 있는 아이돌봄 서비스는 부모의 맞벌이 등으로 양육공백이 발생한 가정의 만 12세 이하 아동을 대상으로 아이돌보미가 찾아가는 돌봄 서비스를 제공하여 부모의 양육부담을 경감하고 저출산 해소에 기여하고자 만들어졌다. 시간제서비스, 영아종일제서비스, 질병감염아동지원서비스, 기관연계서비스, 긴급단시간서비스 등 여러 유형의 서비스를 제공한다. 대상아동기준에 맞고, 양육공백이 증명되고, 가구소득기준을 충족하면 정부지원도 일부 받을 수 있다. 아이돌보미는

2023년 기준 약 2만 8,000명이다. 아동 1명에 대해 주간 8시간을 이용하면 하루에 약 11만 원 정도로 한 달에 평일 2일 이용한다면 218만 원 가량 든다. 여성가족부는 아이돌봄 서비스의 목적으로 아동의 안전한 보호, 부모의 일 가정 양립, 아이돌봄 자원 창출을 들고 있다.

문제는 사회적 비용의 차원에서 그러한 공적 양육시스템을 감당할 수

<그림 2> 현행 아이돌봄서비스 (여성가족부)

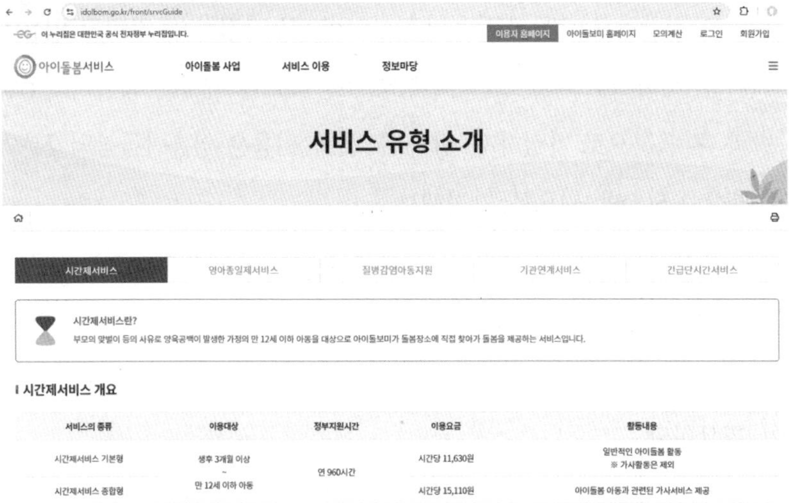

* 자료: 대한민국 공식 전자정부 누리집 '아이돌봄 서비스 이용자 홈페이지'.
https://www.idolbom.go.kr/front/biz/srvcGuide

있는가 하는 점이다. (물론, 중산층 이상의 소득을 가진 가정에서는 공적 돌봄을 원하지 않고, 개별적 돌봄이나 특별히 큰 비용을 지불하는 돌봄을 이용할 수도 있을 것이다.)

간단한 가정을 통하여 사회적 비용을 계산해보자. 영유아 자녀를 둔 맞벌이 부부의 1인당 평균소득이 연 6,000만 원(월 500만 원)이라고 가정하자. (실제 중위권 소득은 이보다는 훨씬 낮다.) 부부 중 1명을 휴식시켜 자녀양육에 전념하게 할 경우에 연간 6,000만 원의 경제적 지원이 필요하다. 부부가 휴직하지 않고, 돌봄이를 사적으로 고용하여도 그 정도의 비용이 필요할 것이다. 부부가 직장에서 그대로 일할 수 있도록 공적 양육기관에서 여러 부모의 자녀들을 돌볼 경우에 각 가정에서 개별적으로 돌봄이를 고용하는 것보다는 적은 비용으로 자녀를 양육할 수 있을 것이다. 영유아 돌봄이를 개별적으로 고용하는 것에 비해 공적기관에 의해 여러 자녀들의 영유아를 함께 돌보게 되면 규모의 경제가 적용되어 자녀 1명에게 필요한 사회적 비용은 그 절반인 3천만 정도로 낮출 수 있다고 가정하자. 그리고 영유아 돌봄은 만6세까지로 하고, 그 이후부터 초등학교를 마치는 때까지의 6년을 방과 후 돌봄으로 가정하자. 방과 후 돌봄 비용은 영유아돌봄의 2분의 1인 연간 1,500만 원으로 가정해보자.

아이 1인에게 지원되는 비용은, 출생 후 1년간 부모의 유급휴가에 지원되는 6,000만 원, 영유아돌봄 기간 5년간 연 3,000만 원씩 1억 5,000만 원, 방과 후 돌봄 기간 6년간 연 1,500만 원씩 9,000만 원으로 총 3억 원이 필요하다.

우리 사회가 그러한 사회적 비용을 감당할 수 있고, 그러한 사회적 시스템을 갖추는 것이 실현가능할 것인지에 대해서는 여러 관점에서 검토가 필요하겠지만 중요한 몇 가지만이라도 따져보자.

첫째, 정부 예산의 차원에서의 지출의 증가와 수입의 증가를 생각해보자.

공적양육시스템 도입으로 출산을 결심하게 된 부부가 자녀를 낳았다고 가정하면 그 시스템을 도입하지 않았더라면 감소하였을 인구가 오히려 증가하게 된다. 그 증가된 인구는 장래에 경제활동에 종사하면서 각종 소득을 창출하고 근로소득세와 사업소득세등을 납부하며, 법인에 고용되어 법인이 법인세를 납부하는데 간접적으로 관여하는 등 간접적으로 조세에 기여하게 된다. 시스템 도입 원년으로부터 12년까지 3억 원을 정부가 재정지출하고, 시스템도입 원년으로부터 19년이 되는 해부터 그 자녀의 경제활동이 끝나는 해(만 61세, 원년부터 60세로 보자) 40년간 각종 세금과 부담금 등으로 직접 간접으로 정부의 세수에 기여하는 것으로 계산해보자.

2021년도 우리 국민의 조세부담액은 1인당 약 1,200만 원이었다.

1,200만 원씩 40년간 납부하는 것으로 계산하면 4억 8,000만 원이 된다. 3억 원의 지출액의 1.5배가 좀 넘는 수입액이다. 20년 후부터 60년 후까지의 장래의 수입과 근년 12년간의 지출액을 단순 비교하는 것은 적절하지는 않지만, 지출에 비해 적지 않은 수입인 것은 분명하다. 간이한 비교를 위해 국민의 조세부담액을 가지고 설명하였으나, 조세는 법인세와 부가가치세가 포함되고 법인도 개인과 같이 취급하여 계산하기 때문에 비교치로는 적절하지 않을 수 있다. 정부의 세수에 대한 개인의 기여는 직접 납부하는 소득세뿐만 아니라 법인에 고용되어 법인이 납부하는 법인세에 간접적으로 기여하고 여러 간접세나 부담금에도 간접적으로는 기여하는 것이므로 국가예산을 경제활동인구로 나누어 1인당 조세에 대한 기여액을 계산해보는 것도 한 방법일 것이다. 2024년도 예산은 기금을 제외하고 약 439조원이고, 2024년 7월의 경제활동인구는 약 3,000만 명(약 2,959만 명)이다. 경제활동인구 1인당 부담하는 예산액은 약 1,460만 원이다. 1,460만 원을 40년간 부담하는 것으로 계산하면 5억 8,400만 원이 된다. 3억 원의 거의 2배가 된다.

공공육아로 인하여 부담하여야 하는 정부의 재정지출액이 막대한 것은 사실이지만, 인구 감소를 막아 늘어나는 재정수입 역시 그에 못지않을 것이다.

둘째, 국민소득의 관점에서 보자. 1인당 연봉 6,000만 원씩 부부 합계 1억 2,000만 원을 받던 어느 부부가 자녀를 출산하여 한사람이 직장을 그만두고 자녀 양육에 전념하게 되면 그 가계의 소득은 연 6,000만 원으로 감소한다. 그런데, 부부가 그 자녀의 양육을 공적시스템에 맡기면 그 가계의 소득은 그대로 1억 2,000만 원이 되고 공적양육시스템에서 근로자

고용이 증가하고 그 증가된 노동력에 보수가 지급되는 등 정부의 재정지출액은 연평균 7,500만 원(3억 원을 12년으로 나눈 값) 증가한다. 지나치게 단순화한 것이기는 하나, 공적 양육시스템이 국민소득이나 국민총생산을 늘리는 긍정적인 효과가 있다는 점을 말하고자 하는 것이다.

셋째, 공적 양육시스템의 정착은 소멸해가는 도시, 소멸해가는 지역사회공동체의 해체를 막아, 지역경제의 활성화에 큰 역할을 하고, 내수부문의 성장에 버팀목이 될 수 있다.

부모는 자녀와 최대한 근거리에서 돌봄이 이루어질 것을 희망하므로, 공적 양육시스템은 필연적으로 지역돌봄의 형태를 가지게 된다. 어느 도시나 일정한 소지역 단위로 곳곳에 영유아 지역돌봄센터가 만들어지게 되고 이 센터는 또한 그 지역 일자리 창출에도 기여하게 된다.

도시의 소지역 단위 곳곳에 영유아 돌봄센터가 설치되는 경우에 학원, 교습소, 어린이 수영장, 놀이시설 등이 센터 주변에 모여들게 되며, 그 시설들이 돌봄을 위탁받을 수도 있고, 건강 돌봄을 위한 보건지소나 병, 의원 등 의료시설도 연계되게 되고, 나아가, 그러한 편의시설들로 인하여 노약자 돌봄시스템도 흡인하게 할 수 있다. 출퇴근길에 자녀를 데리고 오가는 부모들로 유동인구가 증가하게 되기 때문에 돌봄센터는 자연스럽게 지방 또는 지역의 거점으로 발전할 수 있고, 그 거점을 중심으로 지역사회가 발전하게 될 수 있다.

인구 감소로 인한 도시의 소멸, 지역사회의 소멸은 이미 가시화되고 있는 현상임을 감안할 때 공적 돌봄 시스템이 그 소멸을 막는 활성 거점이 될 수 있도록 정책을 펴는 것은 여러 긍정적인 효과를 기대할 수 있다.

이상과 같이, 거칠고 단순하게나마, 공적 돌봄 시스템에 의한 육아권

보장이 현실적으로 가능할 것이라는 추정을 해보았다.

영유아와 저학년층에 대한 지역돌봄이라는 공적시스템의 구축은 특별히 난해하지도 않고, 그 시스템 구축을 위해 별도의 막대한 지출이 필요한 사업도 아니다. 자녀 지역돌봄에 필요한 모든 시설, 인력, 방법은 이미 곳곳에 널려 있다. 더 많은 운영주체가 공공기관이 아니라 사기업이라는 차이는 있지만 어린이집, 유치원 등을 비롯하여 영유아를 대상으로 돌봄을 실행하는 시설들은 이미 무수히 존재한다. 방과 후 돌봄도 최소한의 시스템은 갖추어져 있다. 정부는 추가적인 시설을 설치하고, 기존시설을 보완하고, 기존시설에 위탁하는 등 다양한 방법으로 순차적으로 증가할 수요에 대비하여 시스템을 확장, 구축해나가면 된다.

나아가, 돌봄시스템은 자녀들의 사회성 획득에 긍정적으로 기여하고 비행 청소년의 발생을 현저히 줄일 수 있다. 건강, 인지능력, 사회성 기타 영유아들의 문제점이나 긍정적인 사항들이 조기에 발견될 수 있고 필요한 조치가 적시에 강구되는 데 도움이 될 수 있다.

국가와 지방자체단체에 의한 자녀 돌봄은 저소득 계층부터 혜택이 주어지고 점차 확대되어야 한다. 돌봄 서비스를 위한 시스템이 공공사업에 그치지 않고 산업으로 발전하여 상호보완되어 사회에 뿌리내릴 수 있게 하여야 한다. 돌봄시스템은 인구감소와 지역사회 소멸을 막고 관련 산업의 발전을 촉진하여 전체 산업 발전에도 기여하게 될 것이다.

위와 같이, 공공육아를 재정적으로 감당할 수 있는지를 구구하게 다루었으나, 실은, 재정적 감당 여부를 따질 여유조차 없다. 당장, 오늘부터 최대한의 예산을 투입하여 공공육아를 실시하지 않으면 반세기 후 대한민국은 파국으로 치닫기 시작한다고 확신하고 그 해결을 위해 모든 수단을 강구하지 않으면 안 될 정도로 시급하다. 가령, 천문학적인 예산이 필요하다고 한들, 즉, 공공육아를 위해 향후 매년 100조 원씩 20년간 2,000조 원의 국채를 발행하는 것이 필요하다고 한들, 20년 후의 대한민국이 파국에 직면할 수도 있다면 다른 선택은 없는 것이다. 그런 정도의 위기의식을 가지지 않고는 파국을 면할 길이 없다.

10. 기업할 권리의 보장

사회 전체의 차원에서, 노동력 공급 곡선의 탄력성을 결정하는 가장 중요한 요소는 근로자와 자영업 사이의 진출입의 용이성이다.

스미스의 표현을 빈다면, '완전한 자유를 누리는 사회, 즉, 모든 사람이 자기가 적당하다고 여기는 직업을 선택하고, 적당하다고 생각할 때 마다 직업을 바꿀 수 있는 사회'에서 노동 시장의 수요 공급 곡선은 마치 상품시장과도 같이 최적의 효율과 배분을 이루게 된다.

근로자가 자영업자로, 반대로, 자영업자가 근로자로 전환하는 것이 용이하여야만 노동시장에서 노동력의 공급이 적정한 탄력성을 가지게 된다.

근로자와 자영업 사이의 진출입의 용이성에는 2가지 요건이 관여한다. 그 중 하나는 자영업 영역의 분화와 확대다. 식음료 분야와 소매업을 위주로 한 종래의 자영업만으로는 추가적으로 진입하는 개인들을 수용할 수 없다. 전통적인 자영업 분야에 더하여 새로운 자영업 분야가 발전하고 새로 창출되어야 한다. IT의 발달과 휴대폰을 통한 상거래의 발전은 자영업 발전에서 새로운 가능성을 열고 있다.

두 번째 요건은 진입장벽의 해소다. 진입장벽을 만드는 중요한 요인은 창업비용이다. 창업비용이 진입장벽이 되지 않아야 근로자가 용이하게 자영업자로 변신할 수 있다. 축적한 자산으로 스스로 창업비용을 마련할 수 있는 사람이 많으면 많을수록, 그리고, 창업비가 없거나 적은 사람에게 창업비를 지원할 수 있는 제도가 충분하면 충분할수록 자영업자로의 변신이 용이해진다.

창업이 용이해진 사회에서 근로소득 수준이 상대적으로 열악해지면, 창업을 통해 자영업자로 변신하여 얻는 사업소득이 근로자로 일하면서 얻는 근로소득을 추월할 기대가 커지고, 그 결과 노동시장에서 노동력의 공급은 줄어들게 된다. 노동력 공급의 감소로 근로소득이 향상된 결과 자영업자들의 사업소득이 상대적으로 낮아지고 사업 리스크가 커지면, 자영업 부문으로 지원하는 인구가 감소하고 근로자를 택하는 인구가 늘어나 노동력의 공급이 증가하게 된다.

자영업이 발달하고 진입장벽이 해소되면 노동시장의 노동력 공급 곡선은 탄력성이 개선된다. 그 결과, 최저임금제와 같은 인위적인 근로소득 보장제도의 필요성은 감소하며, 노동시장의 보이지 않는 손에 의해 적정한 근로소득이 형성되고 근로자와 자영업자 사이에 균형 있는 소득분배가 달성될 수 있다.

'공정한 경쟁이 이루어지는 노동시장'이란 '근로자로 일하지 않고 기업가로 전환할 수 있는 자유'가 실질적으로 보장되는 노동시장을 가리킨다고 말할 수 있다. 근로조건이 열악하다면 누구나 언제든지 자영업자로 변신할 수 있는 사회적 여건이 구비되어야 노동자 및 자영업자에게 공정한 배분이 이루어질 수 있다.

우리 헌법은 여느 현대복지국가 헌법과 마찬가지로 근로의 권리와 노동삼권 등을 기본권으로 규정하고, 직업선택의 자유를 인정하고 있다.[26]

사회적 책임제 민주주의 하에서는 근로의 권리와 '직업선택의 자유'가 '직업을 선택할 권리'로 강화되어야 한다. 여기서, 직업을 선택할 권리는 고용될 권리와 함께 고용되지 않을 권리, 즉, 고용되어 근로자로 일하는 것을 희망하지 않는 국민이 창업하고 창업한 기업을 지속적으로 유지할 권리를 실질적으로 보장하는 것을 그 내용으로 하여야 한다.

국가는 처음부터 타인에게 고용되지 않고 창업하고자 하는 국민과 현재의 근로자 생활을 멈추고 자영업으로 진출하기를 희망하는 국민에게 창업할 기회를 실질적으로 보장하여야 한다. 창업에 필요한 교육을 받게 하고 창업비가 부족한 자에게 필요한 지원을 하여야 한다. 물론 창업에 필요한 지원은 재정 등 사회적 여건이 허락하는 한도 내에서만 이루어질 수 있는 것이지만, 창업을 원하는 국민이 창업할 기회 자체를 봉쇄당하는 일이 없도록 할 책임이 국가에 있다는 것을 헌법상의 기본권으로 선언하여야 한다.

---

26 [대한민국헌법]
제15조 모든 국민은 직업선택의 자유를 가진다.
제32조
① 모든 국민은 근로의 권리를 가진다. 국가는 사회적·경제적 방법으로 근로자의 고용의 증진과 적정임금의 보장에 노력하여야 하며, 법률이 정하는 바에 의하여 최저임금제를 시행하여야 한다.
② 모든 국민은 근로의 의무를 진다. 국가는 근로의 의무의 내용과 조건을 민주주의원칙에 따라 법률로 정한다.
③ 근로조건의 기준은 인간의 존엄성을 보장하도록 법률로 정한다.
④ 여자의 근로는 특별한 보호를 받으며, 고용·임금 및 근로조건에 있어서 부당한 차별을 받지 아니한다.
⑤ 연소자의 근로는 특별한 보호를 받는다.
⑥ 국가유공자·상이군경 및 전몰군경의 유가족은 법률이 정하는 바에 의하여 우선적으로 근로의 기회를 부여받는다.
제33조
① 근로자는 근로조건의 향상을 위하여 자주적인 단결권·단체교섭권 및 단체행동권을 가진다.

개개인의 능력과 자산과 지위가 상이하기 때문에 창업의 출발선은 각기 다를 수밖에 없다는 것을 인정하면서도 국가 재정이 허락하는 한도에서 적어도 창업의 기회 자체는 어느 국민에게나 주어져야 한다.

현대복지국가는 기본권 보장 외에도 각종 사회보장제도를 도입하여 국민의 행복을 추구하고자 한다. 사회적 책임제 민주주의 국가는 그 이념을 실현하기 위한 기본권으로 창업할 권리를 보장하여야 한다.

직업의 자유, 일할 권리의 보장, 노동3권의 보장 등은 복지국가헌법의 이념에 따라 국민들이 인간다운 생활을 영위하기 위한 필요최소한의 권리와 보장에 그친다. 사회적 책임제 민주주의 국가에서는 '일할 권리'를 더욱 적극적인 권리로 발전시켜야 한다. 국민이 단순히 근로자로서 좋은 노동조건 하에서 일할 수 있도록 한다는 것만으로는 충분하지 않다. 국민 개개인은 그의 여건과 판단에 따라 타인이 경영하는 기업에서 근로자로 일하는 것을 선택할 수도 있고, 근로자로 일하는 것을 원하지 않는 국민은 스스로 원하는 분야에서 기업을 일으킬 수 있는 기회를 부여받아야 한다. 나아가, 단순히 창업을 개시할 권리에 그치지 않고 그 사업을 영위하는 과정에서 부딪히는 어려움을 극복할 수 있는 기회도 부여받아야 한다.

노동시장은 수요와 공급, 즉, 근로자를 구인하는 수요량과 일하고자 하는 근로자들의 공급량에 의해 노동의 가격, 즉, 급여 수준이 결정된다. 창업권을 보장받는 국민은 그 권리를 행사하여 스스로 사업자가 될 수 있기 때문에 자신이 원하는 분야의 사업을 일으켰을 경우의 예상 사업수익과 리스크를 고려한 후 차라리 근로자로 일하는 것이 낫다는 판단을 할 수 있다. 그 반대로 특정 사업체에서 일하는 근로자는 그가 지급받는 급여 수준과 비교하여 차라리 사업자로 변신하는 것이 자신의 미래를 위한 좋은 선택이라고 판단하여 창업권을 행사할 수 있다. 창업에 따른 수익과 리스크에 대한 판단과 근로자로 일하여 받는 급여 사이를 국민들은 시시각각 비교하고 판단하게 되고 그 결과 노동시장의 이탈(창업)과 유입(사업의 포기)은 서로 긴밀하게 연관되어 상호 이동이 이루어지게 된다. 사회 전반적으로 사업수익률이 높아지게 되면 창업이 늘어나고 근로자수는 줄어들게 되며 노동시장은 공급 감소로 인하여 급여의 인상요인으로 작용하며, 그 반대의 경우에는 급여의 하락요인으로 작용한다. 그 결과 전체 국민들에 대한 분배, 즉, 급여소득과 사업소득은 최적의 균형을 이루게 된다. 분배의 영역에서 보이지 않는 손이 제대로 기능하게 하려면 창업권의 보장에 의해 노동시장의 공급 탄력성이 적정하게 확보될 수 있어야 한다.

'다양성과 경쟁'은 경제성장의 최적의 환경이다. 창업한 자영업자들은 수익을 창출하기 위한 각 부문의 최대한의 경쟁을 통해 효율과 생산성이 향상되고 부문마다 새로운 분화가 창출되며 이는 기존 기업에도 경쟁을 통한 생산성 향상에 영향을 미쳐 그 사회의 경제는 총체적인 발전이 이루어진다. 창업자에 대한 사회적 지원을 통해 진입장벽은 최대한 낮아져서 경제 각 부문에서 경쟁이 최대한으로 촉진된다. 또한 기존 사업형태에 대하여 더욱 발전된 형태의 창업이 시도되어 기존 생산형태는 진화하고 다양성이 촉진된다. 그 결과 경제는 성장을 위한 최적의 환경을 지속적으로 유지할 수 있게 된다. 산업의 노후화, 독과점으로 인한 정체, 분배와 성장의 충돌 등의 문제를 최소화시키는 수단으로도 기능할 수 있다.

어느 수준에서 근로자의 급여수준이 결정되는가를 최저임금제와 같은 인위적 시장 개입이나, 노동3권의 보장과 같은 전통적 노동정책에 의해 결정되게 하는 것이 아니라 창업권의 보호에 의하여 노동시장에서 수요

공급의 법칙에 의해 결정되게 하면 경제적 효율도 도모할 수 있다. 창업권을 보다 고도로 보호할수록 노동시장에서 급여 수준을 상승시키고 산업 내 경쟁을 촉진시켜 경제를 활성화시킬 수 있다. 또한, 창업권의 보호를 위해 투입되는 재원은 그 지원을 받는 개개인이 신투자 또는 재투자에 투입하기 때문에 구매력의 확장으로 나타나고 산업을 활성화시킨다. 상호 선순환의 관계로 나타날 수 있다.

창업권의 보호 수준은 그 국가의 현재의 사회경제적 여건에 의해 현실적인 제약이 따를 수 있지만, 창업권의 보호가 기업의 창의적 분화와 경쟁의 촉진 및 구매력의 확대를 통해 경제를 활성화시킬 수 있다는 점에서 현재의 사회경제적 여건에 지나치게 구애받는 소극적인 정책을 넘어서서 더욱 적극적인 정책으로 시도될 필요가 있다.

국가적 창업지원이 비현실적인 것일까?

국세청 통계에 의하면, 2023년 한해에 폐업 신고를 한 사업자(법인 포함)는 98만 6,487명으로 2022년의 86만 7,292명보다 11만 9,195명 늘었다. 이 통계를 참작하여 사회적 지원이 반드시 필요한 (예비)자영업자의 규모를 한 해에 100만 명으로 가정해보자. 창업자금 대출을 신청하는 100만 명에게 1년 거치 10년 분할상환 조건으로 1인당 5,000만 원 규모로 실시한다면, 매년 50조 원이 필요하다. 대출을 받은 사람 중 2분의 1이 사업에 실패하여 대출금 상환을 못하고, 나머지 2분의 1은 사업을 지속하여 대출을 상환할 수 있다고 가정하면, 10년이 지난 시점에서는 실질적으로 필요한 자금은 매년 25조 원 가량으로 볼 수 있다. 창업자금으로 지원하는 5,000만 원이 임대보증금, 시설비(인테리어, 기구 및 비품) 및 인건비로 주로 사용되거나 그런

용도로 제한한다고 보면, 이 돈들은 연관 산업의 기업가 혹은 근로자의 소득으로 전화되므로 내수를 확대하여 경기를 활성화시키게 된다. 때문에 각종 조세 징수액 증가의 이익이 발생한다. 대출금의 상환과 경기 활성화에 의한 세수의 증가를 감안하면, 매년 50조 원의 창업자금 지원에 따른 재정 부담은 그리 크다고 볼 수 없다. 더구나 자영업자의 평균적 폐업비율이 2분의 1에 이르는 것도 아니다.

창업자금의 지원은 그대로 실질GDP(국내총생산)의 증가, 즉, 경제성장으로 이어진다는 점에서 재정부담의 문제에 지나치게 구애받을 것은 아니다.

11. 모든 교육과 직업훈련을 제공받을 권리

노동시장의 공급탄력성을 확보하려면 노동력의 분화와 다양성이 필요하고 이를 위해 교육과 직업훈련을 받을 권리가 보장되어야 한다.

교육과 직업훈련은 개인에게는 각 개인의 근로능력을 향상시키는 것이지만, 그 사회 전체의 노동력이 다양하게 분화되고 질적으로 우수해짐으로써 그 사회의 경제적 발전의 동력이 된다. 그러므로 교육과 직업훈련을 각 개인이 각자의 이익을 위해 수행하여야 하는 문제로 취급할 것이 아니라, 사회가 그에 필요한 최선의 환경을 제공하여야 한다는 사회적 책임의 관점에서 다루어야 한다.

대학, 전문대학, 대학원을 포함하여 모든 교육기관에서 교육받을 권리는 보장되어야 하며 학비의 부족 때문에 원하는 교육을 받지 못하는 국민은 없어야 한다. 나아가, 차상위계층 등 취약 가정의 경우에는 필요한 경우

학업 수행 혹은 직업 훈련 중에 생계로 인한 장애가 해소되어야 한다.

기업의 인턴사원에 대한 정부지원은 영세 기업에 대한 인건비 보조 차원에서 접근하고 있으나, 각 기업이 공공 직업훈련기관의 역할을 대신하여 피교육자의 직업훈련을 위탁받은 데 따른 위탁훈련비를 지원하는 차원으로 이루어질 필요가 있다.

현실에서는 학교 교육만으로는 불충분하다고 믿는 다수의 학생들이 사교육을 받고 있다. 사회적으로 한정된 재원을 합리적으로 배분하여야 한다는 관점에서 보면, 학교교육의 부족한 부분은 EBS방송과 같은 보다 효율적인 방법으로 채워지는 것이 합리적이기는 하다. 그러나 실질적 평등의 차원에서, 경제적으로 사교육비를 부담하기 어려운 취약계층에 대한 지원의 문제가 발생한다. 학습능력은 개인차가 심하기 때문에 그 부족한 능력을 추가적 학습을 통해 보충하고자 하는 취약계층의 요구가 있다면 재정이 허용되는 범위에서 공공은 이에 응할 책임이 있을 것이다.

12. 주택 양도차익의 금지

출산율 저하의 중요한 원인은 주택 확보의 어려움으로 인한 결혼 및 출산 기피현상이다. 오늘날 우리 사회와 같이 결혼 후 조기에 주택 확보가 어려운 사회적 여건에서는 공공육아제도를 실시하는 것만으로는 출산율의 현저한 개선을 기대하기 어렵다.

예로부터 인간다운 생활의 기본을 '의식주'로 말해왔다. 현대사회에서 옷과 먹거리는 상대적으로 중요성이 감소하였지만 '주택'의 문제는 경제가 발전할수록 더욱 중요한 문제가 되고 있다. '편안한 주택에서 거주할 수 있느냐'는 우리 국민의 최우선 관심사일 정도로 중요하다.

한편, 그렇게 주택이 고도의 관심 대상이 되다 보니, 주택에 대한 투기를 야기하여 주택의 가격이 터무니없는 고가로 형성되고, 그 덕분에 재산가들에게는 더 없이 손쉬운 횡재의 여건이 조성되었다. 오로지 자력이 충분하다는 이유만으로 거액의 매매차익을 얻을 수 있게 하여 빈부의 격차를 심화시킨 주범이 주택이다.

사회적 책임제 민주주의에서 '주택'의 문제는 2가지 측면에서 다루어져야 한다. 하나는 주거권의 문제이고 나머지 하나는 불공정 이득의 환수 문제다.

첫째는 '국민은 누구나 주택에서 거주할 권리를 가진다'는 것, 즉, '주택에서 거주할 권리가 기본권으로 보장되어야 한다는 측면이다. 이를 위하여 주택의 가격이 합리적으로 형성되어야 한다는 것이다.

둘째는, 다른 소득과 비교하여 주택 가격상승으로 인한 양도소득이 너무 거액인데다가 거의 불로소득에 가까운 측면이다. 주택, 특히 고급주택의 소유와 양도에서 생기는 불합리성 혹은 불공정성을 해소하여야 한다는 측면이다.

헌법 제35조
③ 국가는 주택개발정책등을 통하여 모든 국민이 쾌적한 주거생활을 할 수 있도록 노력하여야 한다.

우리 헌법은 국민들이 쾌적한 주거생활을 할 수 있도록 국가가 주택개발정책을 수립하여 실행할 의무는 부과하고 있다.

우리 사회에서 '주택'이 가지는 의미는 매우 특별하고도 간절하다. '내집 마련'은 '꿈'이라 불릴 정도로 간절하고, 청장년층의 최우선 관심사다. 고급 주택을 가진 1% 미만의 사람들에 대한 99% 이상의 국민들이 느끼는 감정은 부러움을 넘어서서 좌절감과 무력감에 가깝다.

이렇게 중요한 주택문제 관하여, 우리 헌법이 취하고 있는 바는 극히 미흡하다. 주택문제는 국가가 적당한 주택개발정책을 수립하는 정도로 조치하여도 무방한 문제가 아니다. 주거권은 '기본권'으로 보장되어야 할 중요한 권리가 되어야 한다는데 대다수의 국민이 동의할 것이다.

주거 기본권이 보장되지 못하고 있는 이유는 간단하다. 국민들의 소득에 비해 주택의 가격이 지나치게 높기 때문이다. 수십 년의 소득으로도 구입할 수 없을 정도로 고급주택이 비싸다.

반면, 자산가들은 고급주택을 1채 또는 수채를 소유하고, 그 주택들의 가격 상승으로 다른 노력 없이도 자산을 더욱 늘릴 수 있고, 그런 자산가들의 자력의 증대는 고급주택에 대한 수요를 증가시켜서 주택 가격을 더욱 급등하게 만드는 상승작용을 불러일으킨다. 전형적인 악순환이다.

여기서 문제의 본질이 그대로 드러난다. 강남의 고급 아파트나 지방의 아파트나 그 아파트 건축에 들어가는 자재비와 인건비는 별 차이가 없다. 그런데 아파트 가격은 강남은 60억 원, 지방은 3억 원 하는 식으로 거의 20배의 차이가 난다. 아파트 부지의 토지대 차이를 감안하더라도 이해되지 않는 차이다. 강남 고급아파트는 용적율이 높아서 아파트 한 채당 대지지분은 매우 적다. 따라서 땅값을 빼고 비교해도 20배의 차이는 달라지지 않는다.

이러한 차이가 생기는 이유에 대해 '고급아파트의 희소성 때문에 공급에 비해 수요가 많기 때문이므로 불가피한 현상이다'라고 진단한다면, 그 진단은 틀렸거나 피상적인 진단이다. 그렇게 큰 격차가 발생할 수 있는 본질적인 이유는 '고급주택은 우수한 사용가치(효용)를 가지면서도 그 자체로 수익성이 큰 자산'이기 때문이다.

통상의 상품은 사용가치가 크면 감가상각도 큰 것이 보통이다. 고급자동차는 편리하고 만족도가 높지만 매월 수백만 원 이상 감가상각되는 비용을 부담하여야 한다. 그런데, 고급주택은 만족스럽게 사용하면서도 비용을 지출하기는커녕 장래에 주택가격 상승으로 오히려 막대한 수익이 발생하는 것이다.

이 점이 핵심이다. 큰 효용을 누리면서도 사용료는 지불하지 않아도 되고 오히려 다 사용한 후에는 큰 이익까지 발생하는 어처구니없는 상품이 존재하는 것이다.

그런 이유로 자산이 있는 사람들은 다소 무리를 해서라도 고급주택을 구입하려고 하고, 그래서, 한정된 수량의 고급주택에 재력가들의 수요가 집중되게 된다. 그 결과 주택가격이 납득하기 어려울 금액, 즉, 건축비와 토지대를 더한 금액의 수십 배로 상승하게 된다.

쉽게 말해서, 다른 상품은 사용하면 그 사용에 따른 감가가 발생하는데, 주택은 행복을 누리며 사용할 수 있는데다가 사용하면 할수록 오히려 수익이 창출되는 상품이다. 꿩먹고 알먹고의 특수 상품이 되어버린 것이다. 그래서 재력가들은 터무니없는 고액으로 고급주택을 주저 없이 매입하려고 하고, 그래서 수요가 비정상적으로 늘어나게 되어 주택가격을 상승시킨다. 그리고 그렇게 구입한 주택은 그 사람의 자산을 더욱 늘려주게 되니 고급주택 수요는 더욱 증가하게 된다.

고급주택의 가격상승으로 인한 양도소득은 특별한 다른 노력 없이 발생한 불로소득임에 틀림없다. 적어도 해당 주택가격 상당액을 은행에 예치하였다면 받을 수 있었던 이자(기회비용)를 초과한 금액은 어느 누가 보아도 정당화되기 어려운 소득이다.

이 문제를 해결하기 위해 학자나 정부기관은 여러 각도에서 접근하고 해결책을 제시하여 왔다

[해법1] 양도차익에 대한 중과세

주택의 가격 상승에 따른 매매차익에 대해 높은 양도세율을 적용하는 정책이 자주 시도되었다. 다른 소득세율보다 좀 더 높은 세율을 적용한다거나, 다주택자인 경우에 중과세한다거나, 혹은, 단기간의 매매에 대해서는 중과세하는 방법이다. 주택 매매차익은 투하 노동 없이 이익을 얻는 것이므로 일종의 불로소득과 유사한 면이 있고, 따라서, 근로소득이나 사업소득에 비해 보다 높은 세율을 적용할 명분도 있다.

그러나, 세율을 높이는 것도 한계가 있는데다가, 고급주택의 매매차익 자체가 수억 원 내지 수십억 원에 달하기 때문에 고율의 양도소득세를 납부하더라도 여전히 큰 돈이 된다는 인식이 있기 때문에 중과세 정책은 근본적 해결책이 되지 못한다.

[해법2] 보유세

고급주택이나 다주택의 보유자에게 높은 세금을 부과함으로써 주택에 대한 투기수요를 억제하고자 하는 정책이 검토되어왔고 실제로 실시되어 왔다. 그러나 보유세 과세 또는 세율 인상 정책이 고급주택 수요를 억제하는 효과가 그리 큰 것으로 확인된 바 없다. 보유세액의 규모가 장래 주택

매매차익으로 인한 이익에 비해 너무 작은 것이라면 보유세 납부를 감수하고 주택을 매입할 것이다. 그렇다고 보유세액을 너무 크게 하면, 미실현 이익에 대해 과세하는 것이 되어 불합리할 뿐만 아니라 주택 가격이 하락하는 경우에는 세금을 환급해주거나 보상해주지 않으면 부당하다는 문제가 발생한다. 그와 같은 이유에서 보유세는 과도하게 부과할 수 없고, 그 때문에 나중의 매매 차익에 비하면 극히 미미한 금액의 보유세를 부과할 수밖에 없어 주택 수요에 미치는 영향은 거의 없게 된다.

위와 같이, 주택에 대해 고율의 양도세 부과나 보유세 부과 정책은 지금까지 뚜렷한 성과를 내지 못하여왔다.

[해법3] 주택 양도 차익의 금지

주택가격 상승으로 인한 불로소득을 차단하는 가장 단순한 방법은 '주택 양도차익 금지'제도다. 주택 소유자가 주택을 매도할 때 원래 매수액에 물가상승률을 곱한 금액만 지급받고 이를 초과한 매수금액이 있을 경우에는 매수인이 이를 정부에 보관시키는 제도를 시행한다면 불공정 이익은 원천적으로 봉쇄된다. 예를 들어 보자.

〈사례1〉 반포에 있는 모 아파트는 건설사가 40억 원에 분양하였다. 김갑동은 그 아파트는 매입하여 5년간 거주하다가 팔려고 내놓았다. 그 아파트는 60억 원에 팔렸다. 이 5년간 물가상승률은 20%다.

〈사례2〉 강북구에 있는 모 아파트는 건축업자가 4억 원에 분양하였다. 홍길동은 그 아파트를 매입하여 5년간 거주하다가 팔려고 내놓았다. 그 아파트는 4억 8,000만 원에 팔렸다. 이 5년간 물가상승률은 20%다.

정기예금 이자율이 연 2%라고 가정한다면, 40억 원과 4억 원을 정기예금하였을 때 연 이자는 8,000만 원과 800만 원이다. 반포에 있는 고급아파트에 사는 대가로 김갑동은 매년 8,000만 원을 주거비용으로 지불하는 셈이고, 홍길동은 반포에 비해 입지가 열악한 강북구 아파트에 거주하는 비용으로 매년 800만 원이라는 비교적 저렴한 주거비용을 지출하는 셈이다.

반포의 고급아파트에 거주하는데 따른 편리성, 쾌적성, 만족도 등의 대가로 매년 8,000만 원의 대가를 지급할 의사를 가지는 사람은 반포 아파트를 구입할 수 있다. 문제는, 고급아파트에 사는 효용을 누리면서, 그 비용도 지급하지 않고 오히려 나중에 매매차익까지 얻는다는 것은 불공정하다는 점이다. 위 사례1에서 김갑동이 반포아파트의 매도가격이 물가상승율 10%을 반영한 44억 원에 매각하였다면 아무런 문제가 없다. 그는 고급아파트에 거주한 효용을 누리는 대가인 주거비로 연간 8,000만 원을 지급한 셈이다. 그런데, 그 아파트를 60억 원에 매각하여 20억 원의 매매차익이 발생하였으므로 물가상승분에 따른 8억 원을 제한 12억 원을 불로소득한 것이다. 사례2에서 홍길동은 매도가액이 물가상승율을 반영한 금액인 4억 8,000만 원이므로 불로소득한 금액은 없다.

고급주택에 사는 효용을 누리고자 하면 그만큼 큰 비용을 지불하여야 마땅하고 비교적 저렴한 주택에 사는 사람은 상대적으로 적은 비용을 지불하여야 마땅하다. 그런데 현재의 주택 시장은 정반대다. 고급주택에 사는 효용을 누리는 자가 비용을 지급하기는커녕 매매차익으로 거액의 수익까지 거머쥐는 불합리한 일이 계속되고 있다.

정부가 매년 주택매매에 적용할 물가상승율 지수를 발표한다고 가정하고, 그 지수에 의하면 5년은 120%이라고 하자. 〈사례1〉에서 반포 아파트를 이을동이 60억 원에 매수하려고 하면, 이을동은 김갑동에게 원 매수가격인 40억 원의 120%인 48억 원만 지급하고 나머지 12억원은 국가에 무이자로 보관시키면 된다. 〈사례2〉에서 강북 아파트를 황석동이 4억 5,000만 원에 매수하려고 하면, 그 금액은 홍길동의 원매수가 4억 원의 120%인 4억 8,000만 원에 미달하므로 매매대금을 모두 홍길동에게 지급하면 된다.

'주택 양도차익 금지정책'을 실시한다면, 그 결과는 마치 전세제도와 흡사한 것이 된다. 반포아파트를 40억 원에 매입한 사람은 장래에 사실상 같은 돈(물가상승율을 고려하면 실질적으로는 같은 금액)을 돌려받고 매각할 수 있기 때문에 마치 40억 원의 전세로 살고 있는 것과 유사한 면이 있다. 현재의 전세 제도에서 전세입자는 전세금액을 은행에 예치했을 때 받을 수 있는 정기예금 이자 상당의 기회비용을 지불하는 대가로 그 주택에서 거주할 수 있다. 주택의 효용을 누리는데 대한 적정한 대가를 지급하는 것이 된다.

'주택 양도차익 금지정책'이 실시될 수 있다면 매매차익이 사실상 봉쇄된다는 점과 고급주택이라는 큰 효용을 누리려는 자에 대해 그 만큼 큰 비용을 지불하게 한다는 점에서 공정성이 확보된다. 고가의 주택을 구입하는 자는 그만큼 많은 금액을 주고 매입함으로써 이자에 상당하는 주택사용료를 지급하는 것이다.

이 정책이 현실적으로 실현 가능한 제도인지에 관한 몇 가지 문제를 체크해볼 필요가 있다.

먼저, 주택거래에 적용할 물가지수의 결정과 공시의 문제이다. 통계청은 소비자물가지수, 도매물가지수를 포함하여 여러 종류의 물가지수를 매년 조사 발표하고 있기 때문에 주택거래에 적용할 물가지수를 산출하고 이를 공시하는 문제는 어려움이 없다.

다음으로, 건설경기에 악영향을 주는가 하는 문제다. 이 제도는 신축주택의 분양에는 적용되지 않으므로 주택건설에는 직접적인 영향을 주지는 않는다. 개인 또는 기업이 신축한 주택(공동주택과 단독주택)의 최초의 매도가격 혹은 분양가격에 대해서는 현재와 같이 시장에 그대로 맡기면 된다. 최초의 주택매매가 이루어지면 거래신고를 하고 부동산등기부상에 거래액이 등재되게 될 것이다.

마지막으로, 신축 이후의 거래에서 그 소유자가 주택을 매각하려고 할 때 적용되는 기준가격, 즉, 매입가격에 물가지수를 곱한 가격으로 매물을 내놓았을 때 이를 매입하려고 하는 사람이 여러 사람이 되어 경쟁하는 경우에 관한 문제이다. 좋은 입지조건이나 잘 지은 주택 등 사람들이 선호하는 주택의 거래에는 매입 경쟁이 발생할 수 있다. 매도인(기존 소유자)은 기준가격 이상으로 내놓아도 이익이 없기 때문에 기준가격에 맞추어 내놓아 최대한 빨리 팔려고 할 것이다. 매물이 등장하여 매매가 성사되기까지의 시간적 갭이 존재하므로 그 사이에 복수의 매입의향자가 있어서 매입경쟁이 이루어질 수는 있나. 매입의향자들 중 기준가격 이하로 제시한 자와 기준가격 이상으로 제시한 자가 있는 경우에 후자와 계약이 되는 것은 당연하므로 문제는 기준가격으로 제시한 매입의향자가 2명 이상이거나 기준가격으로 제시한 자와 기준가격 이상으로 제시한 자가 경쟁하는 경우다. 이러한 경우에는 사적자치의 원칙상 매도인의 선택에 맡기면 된다. 부동산중개인은 중개수수료를 더 받기 위해 가급적 높은 가격을 제시한 매수인을 선호하겠지만 최종 선택은 매도인의 의사에 맡겨지게 된다. 그리고, 기준가격 미만으로 제시한 매입의향자들만 복수로 존재하는 경우에는 통상적으로 그 중 가장 높은 가격을 제시한 자와 계약이 체결될 것이므로 문제가 되지 않는다.

주택 양도차익 금지정책을 실시할 경우에는 투기수요가 봉쇄되어 실수요자 외에는 주택을 매입하지 않게 되므로 주택시장이 정상화된다. 수십억 원의 고가 주택을 매입하려면 그 돈을 정기예금하였을 때 받을 수 있는 이자를 포기하여야 하므로 주택 가격은 현실화된다.

정부는 공기업을 통하여 주택과 택지를 공급해왔으나 현재의 방식으로는 국민의 쾌적한 주거권 확보가 이루어지지 않았다. 주거 기본권, 즉, '쾌적한 주택에서 생활할 권리'를 수혜하지 못하는 사람들이 많은 이유는 투기수요로 인하여 주택의 가격이 비정상화되고 불공정한 이익이 존재하기 때문이다. 이를 근본적으로 해결하지 않는 한 국민의 주거권은 결코 충분히 보장될 수 없다.

주택 문제는 결혼 및 출산문제와도 관련된 문제다. 주택 가격이 비정상적으로 높게 형성되는 것으로 인하여 혼인 적령기의 남녀들이 혼인을 미루거나 포기하는 예가 많다. 주택 가격 현실화는 출산율 회복을 위해서도 중요하다.

13. 불공정 이익의 반환

'사회의 개인에 대한 책임'의 실현방법이 창업권의 보장, 무상교육과 직업훈련, 육아권의 보장, 주거권의 보장 등이라면, '개인의 사회에 대한 책임'의 중요한 하나는 불공정이익의 반환이다. 경제 각 분야 중 거래 대상의 특성상 공급이 제한되는 거래에서는 시장에서의 자유로운 경쟁에 맡길 경우 초과이익이 발생하는 것들이 있다. 그 초과이익을 사회에 반환하여야 하는 문제이다.

역사적으로, 개인이 사회에 대한 책임을 이행하는 가장 기본적인 형태는 납세의무를 다하는 것이었다. 사업을 통해 정당하게 얻은 이익에 관하여 그 사업자는 통상적인 세율에 의한 사업소득세를 납부한 후 남은 가처분 소득으로 일부는 소비하고 일부는 재산으로 모으게 된다. 근로자는 급여소득 중 일부를 근로소득세와 기타 부담으로 납부하는 것으로 사회적 책임을 이행한다.

문제는 공평의 관념에 비추어 과다한 수익이 발생하는 경우다. 수익의 전부를 그 사업자가 수익하도록 하는 것이 공평의 관념에 반하는데도 일반적인 과세제도로는 그 과다한 수익을 사회에 환원시킬 수 없는 경우에 사회적 책임의 원리에서 특별한 환원방법이 필요할 것이다. 그 과다한 수익은 그 사회가 채택한 제도적 여건 속에서 초과수익이 발생한 것이므로 그 수익자는 그 초과이득을 발생하게 한 사회에게 이를 반환하여야 응분의 사회적 책임을 이행하는 것이 된다.

불공정한 이익 또는 초과이익은 '자연적 요인에 기인한 것'과 '사회경제적 요인에 기인한 것'으로 분류해볼 수 있다.

자연적 요인으로 인하여 발생하는 초과이익은 자원의 물리적 유한성 내지 제약으로 인한 초과이익이다. 전통적으로는 토지(국토)의 유한성이 주로 초과이익 발생의 원천이었는데, 과학기술과 산업이 발전함에 따라 전자적 자원의 유한성, 즉, 이용 가능 주파수 대역의 제한성이 초과이익과 관련하여 문제가 될 수 있다.

그리고, 사회경제적 요인으로 인하여 발생하는 초과이익은 정책(도로, 지하철, 관광단지의 설정 등) 또는 제도로 인한 경우와 독과점으로 인하여 발생하는 이익이 문제된다.

물리적으로 한정된 국토 자원을 사용하는 것은 그 자체가 특혜이고, 초과이익을 발생시킬 가능성을 항상 내포하고 있다. 앞서 본 주택 양도차익의 금지도 일종의 불공정이익 반환의 일환으로 볼 수 있다.

토지 자원 이용과 관련된 불공정 이익은 주로 개발사업에서 문제된다. 소위 '50억 클럽'으로 정치적 이슈가 되었던 대장동 개발사업을 보자. 그 사업의 시행자에게 예상치 못한 큰 시행이익이 발생하였는데, 통상의 법인세와 소득세를 납부한 것으로 정의가 실현되었다고 생각할 국민들은 거의 없다. 대장동 사업은 정치적 이슈가 되는 바람에 널리 알려지게 되었던 뿐이고, 대부분의 개발사업에서 동일한 문제가 제기된다. 도시 지역이나 도시 인근 지역(특히 계획관리지역)의 개발사업은 일반인은 상상조차 할 수 없는 규모의 거액의 수익을 노리고 추진되며, 실제로 시행자에게 어마어마한 수익을 안겨주는 일이 비일비재하다.

이해의 편의를 위해 간단히 가정해보자. 수도권 비도시화 지역에 드문드문 낡은 주택들과 전답이 있고 뒷산이 있는 동네가 있다고 가정하자. 그곳의 땅값은 택지(주택지)는 평당 1,000만 원, 전답은 평당 500만 원, 임야(산)은 평당 100만 원 정도이고, 전체 토지 면적 1만 평 중 주택지가 2,000평, 전답이 3,000평, 임야가 5,000평이라고 하자. 시행업자는 위 지역의 토지소유자들로부터 땅을 매수하여 아파트를 지어 분양할 계획을 수립한다. (토지 소유자들 중 일부 팔지 않는 사람들이 있더라도 법률은 사업이 가능하도록 편의를 제공한다. 도시개발사업은 3분의 2 면적만 매수하면 나머지는 수용이나 환지가 가능하고, 주택법에 의한 일반 주택건설사업도 90% 또는 95% 면적을 확보하면 나머지 토지는 매도청구권에 기한 강제적 매수가 가능하다.) 시행업자는 토지대로 시가를 넘는, 예컨대 시가의 150% 이상의 좋은 가격을 제시하여 매수하고, 관할관청으로부터 인허가를 받아 유력 건설업체를 시공사로 하여 아파트 건축공사를 한 후 분양을 통해 아파트를 팔아 사업비를 회수하고 이익을 남긴다. 그 사업자가 토지대로 지급한 돈은 시가의 150%로 계산하여 대지 300억 원, 전답 225억 원, 임야 75억 원 합계 600억 원이다. 전체 사업지 1만 평 중 40%인 4,000평은 도로, 공원 기타 도시계획시설로 기부체납되고, 나머지 60%인 6,000평의 건설용지는 용적율 250%로 도시계획심의를 통과하였다고 하면 건축연면적은 1만 5,000평이 된다. 단순계산으로 30평 아파트 500세대에 해당한다. 건축비는 관련 시설비용을 포함하기 위해 충분한 가격으로 건축면적 평당 400만 원으로 계산하면 600억 원이 된다. 총사업비를 토지대 600억 원, 공사비 600억 원, 금융비용, 경상비, 분양비 및 기타비용을 300억 원으로 하여 총사업비로 1,500억 원을 지출하고, 분양수입은 아파트 평당 1,500만 원씩 1만 5,000평으로 계산하여 2,250억 원이 된다면 순이익은 750억 원이 된다. 이 사업자는 자본금으로 토지대의 10%인 60억 원을 가지고 사업을 시작하여 나머지 사업비 1,440억 원은 금융기관으로부터 소위 PF(프로젝트 파이낸싱) 대출을 받아 사업완료 시점에서 분양수입금으로 대출금을 상환한다. 말하자면 60억 원으로 사업을 시작하여 750억 원의 순수익을 올리는 것이다. 50억 클럽의 비밀이 바로 여기에 있다. 관계자들 여러 명에게 50억씩 펑펑 쏟아부어도 막대한 이익을 남길 수 있는 비밀은 이렇듯 천문학적인 수익을 남길 수 있는 사업이라는 데에 있다.

750억 원이라는 수익은 어디서 나온 것일까? 현상만을 보면 사업비와 비교하여 분양가가 크게 높았기 때문인 것처럼 보일 것이다. 그런데, 좀더 자세히 관찰하면, 사업비 중 토지대가 절감된 것이 가장 큰 요인임을 알 수 있다. 사업자가 매입한 땅 중 대지는 2,000평밖에 없었는데, 사업지 중 대지가 아니었던 6,000평이 대지로 바뀐 것이다. 관할 행정청은 인허가, 즉, 도시관리계획변경결정을 통해 전답이나 임야였던 토지를 건축부지인 대지로 변경해준 것이다. 만약, 사업자의 사업지 1만 평이 모두 처음부터 대지였다면 시가의 150%가 아니라 시가대로 평당 1,000만 원에 매입하더라도 1,000억 원이 된다. 이 사업자의 토지대 지출액 600억 원과는 무려 400억 원의 차이가 발생한다. 결국 수익의 절반 이상은 건축사업 자체에서 발생한 것이 아니라 사실은 대지가 아닌 땅을 대지로 바꾸어준 덕분에 발생한 것임을 알 수 있다.

한정된 국토를 어떻게 이용하는가 하는 구체적 이용방법은 사회적으로 결정되어야 한다. 그 구체적 이용방법을 달리하는 것만으로 이익이 발생하였다면, 그 다르게 이용할 수 있도록 특혜를 준 데 따른 대가로 그 이익을 사회에 환원하여야 한다. 위 사례에서 건설사업자는 위 토지 이용방법을 변경받은 것에 대한 반대급부로 400억 원을 사회에 반환하여야만 사회적 책임을 이행한 것이라 할 것이다. (나머지 이익 350억 원에 대하여는 시행법인의 법인세와 관계인들의 소득세로 당연히 일반 과세원칙에 따라 납부하게 하여야 할 것이다.)

한정된 자원으로 인해 초과이득이 발생하는 자원이 과거에는 토지(국토)였다면, 미래의 그것은 '주파수'다.

정보통신기술이 급속도로 발전하고 산업 전체에서 차지하는 비중이 갈수록 커짐에 따라 '주파수'라는 제한적인 자원의 사용에 관하여 초과이익의 발생 하는 지에 대해 주목할 필요가 있다. 통신에 사용되는 주파수는 무한정의 것이 아니고 그 대역이 제한되어 있기 때문에 주파수 대역을 할당받는다는 것은 마치 한정된 국토의 일부를 사용하는 것과 마찬가지로 수량적으로 제한된 자원을 특혜적으로 사용하는 것이 된다.

노태우 정권하에서 이동통신사 선정을 둘러싼 각축은 황금알을 낳는 거위를 누가 차지하느냐는 식의 경쟁이 되었고, 그 경쟁에서 승리한 이동통신사 중 하나인 SKT의 주식은 나중에 황제주로 등극하기도 하였다. SK 그룹이 초고속 성장으로 현재의 위상을 가지게 된 것은 초과이익과 무관하지 않다. SK가 사회적 기업에 큰 관심을 가지고 다른 재벌그룹과는 차별화될 정도로 많은 사회공헌사업을 지속적으로 진행해온 것은 그러한 초과이익의 일부를 사회에 환원한 의미는 있지만 그것으로 충분하다고는 할 수 없을 것이다.

무선주파수 스펙트럼을 상하한을 두어 일정한 간격으로 범위를 두어 구분한 것을 주파수대라고 하고, 국제간 주파수대의 사용에 관하여 국제전기통신연합의 전파규칙에서 규율하며, 국내에서는 전파관리국이 주파수대의 할당 폭, 전파형식, 최대송신전력, 용도 등 주파수 할당 업무를 관장하고 있다 마치 국토가 도시지역, 농업지역, 산지 등으로 구분되는 것과 유사하게, 주파수도 각 주파수 대역별로 고유한 특성에 따라 구분된다. 저주파 대역은 장거리 통신과 라디오 방송에 적합하고, 중주파 대역은 TV방송과 일부 무선 통신에 사용되고, 고주파 대역은 모바일 통신, 위성통신, 레이더 등 단거리 데이터 전송에 유리한 것과 같은 전송속도와 도달거리 등에 각기 다른 특성들이 있다. 또한, 전파의 반사, 굴절, 산란 등의 현상도 통신환경에 영향을 미친다. 그런 때문에 효율적인 주파수 할당은 통신 서비스의 효율, 품질 및 안정성과 관련하여 중요한 의미를 가진다. 주파수 스펙트럼은 제한된 자원이기 때문에 효율적으로 이용하는 것이 중요한 정책적 과제가 된다. 주파수 할당의 문제, 즉, 주파수 대역을 적절히 분배하고 중복 사용을 방지하여 통신서비스의 품질을 유지하는 한편, 주파수 재활용 기술에 의해 동일한 대역을 여러 지역에서 함께 사용하게 할 수 있게 함으로써 스펙트럼 활용도를 극대화함과 동시에 주파수 간섭 발생시 신속하게 대응할 수 있는 관리체계를 구축하는 문제는 주파수의 경제적 가치의 제고와 관련하여 중요하다.

주파수는 현재에도 산업에서 차지하는 비중이 크지만 미래에는 무선통신을 이용하는 산업 부문의 비중이 더욱 확대될 것이다. 현재의 가장 대표적인 산업인 이동통신사업만 보더라도 소수의 대기업들이 독점하고 있다. 이동통신 사업은 전국적인 망을 필요로 하기 때문에 중소기업이 진입하여 경쟁하는 것도 불가능하다. 전국민이 핸드폰을 가지고 직장생활과 사생활을 영위할 뿐만 아니라 핸드폰을 사용하여 하는 전자상거래의 매출규모는 급속도로 증가하고 있다.

이동통신사업이 몇 개의 대기업에 과점되어 있다는 것은 필연적으로 초과이익을 낳게 한다.

물론, 초과이익의 발생 여부나 환수의 문제는 그리 간단치 않다. 과거 제기된 '망사용료 부담 문제', 즉, 인터넷서비스 제공자인 통신사업자(ISP)와 콘텐츠 제공자(CP) 사이의 갈등 문제에서 나타난 바와 같이, 정보통신산업은 국내사업자 사이 및 국내사업자들과 국외사업자 간 관계 등이 복잡하게 얽혀 있기 때문이다. (예를 들어, 구글이 국내에서는 CP로 분류될 수 있지만 글로벌 차원에서는 최대 ISP인데, 구글이 국내에 콘텐츠 공급 시 다량의 트래픽을 발생시킨다는 이유로 국내 ISP가 구글에게 망사용료를 부담하라고 요구하는 것이 현실적으로는 어려울 수 있다.) 그렇기 때문에 어느 사업자에게 어떤 이익에 관하여 어떤 기준으로 초과이익을 규정하고 환수해야 할 것인가는 현실적으로는 매우 난해한 문제가 될 수 있다.

그렇다고 하더라도, 정보통신 산업 부문에서 주파수의 할당이라는 제한된 자원의 특혜적 사용을 허용되는 이상 그 사용자에게 그에 따른 초과이익을 환수하여야 한다는 기본적 문제의식 혹은 기본원칙은 어떤 방법으로든 관철되어야만 할 것이다.

같은 맥락에서 철강, 담배, 전기, 철도, 항공, 도로 등의 산업분야도 민영화되는 경우에는 초과이익의 환수 문제가 검토되어야 하고 이를 전제로 민영화가 시행되어야 할 것이다.

불공정이익 혹은 초과이익의 환수는 사회적 책임제의 이념에도 부합할 뿐만 아니라 사회적 책임제 국가가 국민 개인에 대한 책임을 다하기 위한 재원의 마련을 위해서도 중요한 의미가 있다.

초과이익의 환수를 위해 누진세 정책의 강화나 불공정이익에 대한 중과세 제도의 도입을 검토할 필요가 있다.

그밖에, 특정 사업자가 불공정이익이 아니라 할지라도 특별히 고액의 소득을 올렸다는 것은 그 사업자가 유능하고 운이 좋았던 것만을 뜻하는 것이 아니고 그 사회의 제도, 여건, 환경을 활용하여 소득을 올린 것이므로 그 사회에 대한 책임을 부담하여야 한다. 그러한 특별한 고액의 소득에 대해서는 현행보다 강화된 누진세율을 적용하여 적정한 범위에서 환수할 필요가 있다.

그런 점에서 특별한 고액의 수익에 대해서는 중과세 제도를 도입할 필요가 있다. 부동산 단기 매매에 의한 양도차익에 대해 중과세 하는 것과 마찬가지로 공평의 관념에 벗어나는 소득에 대해서는 징벌적인 중과세를 통하여 대부분의 수익을 환수하는 것이 도덕관념에도 부합한다. 대장동 50억 클럽 사례에서 아무런 특별한 노동 없이 50억 원을 받은 자들에 대해 40% 대의 소득세 최고세율을 적용하여 과세하는 것으로는 충분하지 않다. 그런 사례에서는 중과세를 통해 50억 원 중 거의 대부분을 환수할 필요가 있다.

14. 사회구성원 사이의 사회적 책임: 불법행위자의 책임

사기, 강도, 절도, 성범죄 등 타인으로부터 피해를 입는 경우에 현재의 법률이 그 가해자에게 응분의 처벌을 가하고 피해자의 피해 회복을 위한 적절한 조치를 취하고 있는가? 사회적 책임제는 그 사회 구성원인 개인 상호간에는 어떻게 실현되어야 할 것인가 하는 문제다.

우리는 사회생활 중에 타인으로부터 여러 가지 손해를 입게 될 수 있다. 그런데, 우리나라 법률은 가해자의 처벌에 대하여는 관심을 가지지만 피해자의 구제에 대해서는 거의 무관심하다.

피해자가 국가에 피해를 호소하면, 국가는 형사상 범죄가 되는지를 판단한 후 범죄에 해당하면 형사처벌을 하고 범죄가 성립하지 않으면 그만이다. 타인으로부터 명백한 피해를 입더라도 손해를 배상받는 문제는 피해자와 가해자 사이에 민사적으로 알아서 해결하라는 식이다.

피해자의 주된 관심은 피해 회복에 있고 가해자에 대한 처벌은 오히려 부차적인 경우가 많은데, 국가는 형사처벌 여부에만 관여하고 피해 회복은 오롯이 피해자 개인의 몫이 된다.

흔히들 말한다. 대한민국은 돈만 있으면 참으로 살기 좋은 나라라고. 바꾸어 말하면 우리나라는 돈이 없으면 심하게 불편한 나라다. 그래서 모두들 돈을 쉽게 벌 궁리에 빠져든다.

문제는 '대한민국이 가해자들의 천국'이라는 데 있다.

사기꾼과 약탈자들은 남의 소중한 재산을 털어 그 사람과 가족들은 지옥으로 내몰고, 자신들은 귀족 같이 생활한다. 약탈자가 체포되어도 선처를 받거나 잠시 교도소에 머물다 나와서 또 다른 약탈을 준비한다. 체포된 약탈자들의 호주머니는 항상 텅텅 비어 있기 때문에 피해자들은 보상받을 길이 없어 절망하고 그의 가족과 미래는 파탄되어 심지어 자살에 이른다.

대한민국이 가해자들의 천국인 첫째 이유는 약탈자들이 좀처럼 형사처벌 당하지 않고, 형사처벌도 매우 약하기 때문이다.

타인에게 금전적 피해를 주어도 가해자가 웬만해서는 교도소에 가는 일이 없다. 형법 제347조 제1항은 '사기죄'를 '사람을 기망하여 재물의 교부를 받거나 재산상의 이익을 취득한 자는 10년 이하의 징역 또는 2,000만 원 이하의 벌금에 처한다'라고 규정하고 있다. 보통의 서민은 1억 원 정도의 피해만 당해도 치명적이다. 그 집안이 풍비박산날 수 있다. 내 지인은 중소기업에서 경리를 담당하는 여사무원인데, 언니의 소개로 ○○캐피탈 센터장이라고 속인 한 여자에게 수십 년간 절약하며 저축한 돈 8,000만 원을 사기 당한 후 하루하루의 삶이 고통이고 수시로 죽고 싶다고 말한다. 법원은 피해 금액이 크지 않고 피고인이 진심으로 반성하고 있다고 하면서 6개월의 단기실형이나 집행유예를 선고한다. 그 사기꾼은 돈을 다 써버려서 민사판결을 받아도 강제집행할 재산이 없기 때문에 피해액을 단 1원도 돌려받지 못한다.

퇴직 공무원 A씨는 초등학교 동창인 B씨가 프랜차이즈 사업을 같이 해보자는 권유를 받고 퇴직금 3억 원을 투자했다가 사업이 망해서 빈털터리가 되었다. A씨는 B씨가 사업성이 확실한 것처럼 자신을 속인 것이라고 B씨를 사기죄로 고소했지만 검찰은 B씨가 사업을 잘해보려고 애를 썼는데 계획대로 잘 풀리지 않은 것이므로 사기죄가 성립하지 않는다면서 무혐의 처분을 하였다.

김모씨는 같은 교회에 다니는 아무개가 2부 이자로 6개월만 쓰겠다고 5,000만 원을 빌려달라고 해서 빌려주었는데 매월 이자로 100만 원씩 몇 차례 보내주더니 6개월이 되자 1,000만 원 돌려주고 더 돈이 없다고 하여 형사고소하였다. 검찰은 이자도 몇 번 보내주었고, 원금도 일부 갚았다는 점을 강조하면서 처음부터 안 갚을 생각으로 빌린 것이 아니고 경제적 형편이 예상과 달리 악화되어 갚지 못한 것이라고 하면서 무혐의 처분하였다.

타인으로부터 돈을 빌리거나 투자를 권유하였다가 나중에 돌려주지 못하면 당연히 처벌받아야 한다는 것이 일반인의 법감정이고, 사법은 일반인의 법감정을 제도적으로 실현하는 것이어야 하는데 우리의 사법 현실은 그렇지 못하다.

우리 사법은 헌법상의 무죄 추정의 원칙을 분별없이 적용하여 일반 법감정과는 동떨어진 결론을 낸다.

타인에게 금전적 피해를 가하면, 그것으로 무죄 추정은 깨어져 불법행위자로 추정이 번복되며, 가해자가 특단의 사정, 즉, 차용과 투자유치 당시에 예상하지 못하였던 불가항력적인 사정의 발생을 증명하여야만 무죄로 될 수 있어야 한다. 혹은 차용이나 투자유치 당시에 돈을 돌려받지 못할 수 있는 리스크에 대한 충분한 설명이 이루어졌음을 증명하여야 무죄 판결을 받을 수 있어야 한다. 헌법상의 무죄 추정은 타인에게 금전적 피해를 가하였다는 사실로부터 바로 깨어지는 추정으로서 가해자가 반대증명을 통해 무죄를 입증하여야 타당한 것임에도 불구하고 우리 사법은 국민의 법감정과는 다른 결론에 이르고 있다. 국민의 일반적 법감정에 반하는 사법은 정당한 사법이 아니다. 헌법상의 무죄 추정의 원칙은 일반원칙이기는 하지만 무조건적인 원칙은 아니고, 유죄의 개연성이 인정되기 전까지만 전면적으로 유지되고, 객관적 사실자료에 의해 유죄의 개연성이 확인되면 그 이후에는 유죄로 추정되고 입증책임이 전환되어 그 혐의를 받는 자가 무죄를 적극 증명하여야 맞다. 무죄 추정의 원칙이 무조건적인 추정이 아님은 구속영장의 제도에서도 확인된다. 범죄를 범한 것으로 아직 증명되지 않았는데도, 혐의가 소명된 것만으로 인신을 구속한다는 것은 무죄추정이 조건적임을 나타내는 것이다. 피해자에게 금전적 피해가 발생하였고, 가해자의 행위 때문에 그 피해가 발생한 것으로 볼만한 개연성만 인정되면 무죄추정은 깨져야 하고, 가해자에게 입증책임이 전환되어 가해자는 불가항력적 손해라거나, 예상할 수 없는 경과를 거친 손해라거나 혹은 미리 리스크에 대해 충분한 설명을 하였다는 등의 특단의 사정을 입증하여야만 법적 책임을 면할 수 있도록 하여야 한다. 그것이 법치주의다. 무죄 추정 원칙을 과도하게 적용하는 것은 가해자의 권리를 위하여 피해자의 권리를 희생하는 것이어서 역차별에 불과하다.

우리나라가 가해자들의 천국이라면 피해자들에게는 당연히 지옥이다. 가해자들을 형사처벌받게 하는 것은 너무나 어렵고 조금만 실수하면 가해자들이 교묘한 변명으로 처벌을 피해나간다. 유죄를 증명하여 형사처벌을 받게 하여도 형량이 너무 약해서 가해자들은 형사합의에 소극적이라 피해를 회복하기 어렵다. 유죄판결을 받지 못하면 민사상 손해배상을 청구하는 것도 거의 불가능하고 불법행위에 대한 손해배상은 피해와 피해금액 전부를 피해자가 입증해야 하는 불리한 구조다. 피해를 증명해서 손해배상판결을 받아도 가해자들은 자신들 명의로는 아무 것도 가지고 있지 않아서 단 한 푼도 강제집행할 수 없는 경우가 대부분이다.

약탈자들에게 일방적으로 유리하고 피해자들에게 불리한 이러한 구조는 현재의 형사사법제도와 민사손해배상제도를 그대로 유지하는 한 개선 가능성이 없다. 기껏해야 형사처벌의 형량을 좀 더 높이는 정도인데, 범죄자들은 나중에 처벌받을 것을 두려워하여 범행을 미리 그만두는 일은 거의 없다.

우리 형법 제41조는 형벌의 종류를 '사형, 징역, 금고, 자격상실, 자격정지, 벌금, 구류, 과료, 몰수' 이렇게 9개로 규정하고 있다. 범죄자들이 두려워할만한 것은 사형과 징역(혹은 금고)인데, 사형은 집행되지 않은지 오래고, 범죄자들이 징역형을 겁내서 범죄를 포기하는 것이 아니라 범행은 하되 발각되지 않거나 붙잡히지 않기를 기도하는 식이라 형벌의 위화효과는 매우 적다.

범죄자들을 징역형에 처해서 교도소에 처넣는다는 형벌제도는 천년이 지나도 변한 것이 없다. 그것으로 처벌 효과가 충분해서 제도가 변하지 않는 것일까? 천만의 말씀이다. 매일 새로운 범죄자가 나타나고, 재범하는 것만 보더라도 현재의 형사사법제도는 거의 실패한 제도임이 분명하다. 형벌제도는 범죄예방에 큰 효과를 보이지 못하고 있고, 응보주의, 즉, 범행에 대한 보복에 그치고 있다. 더욱 큰 문제는, 현재의 사법제도가 범죄

피해자들의 구제의 기능이 거의 없다는 점이다. 경제적 여력이 되는 범죄자들이 형벌을 다소 경감시키려는 목적으로 소위 합의금을 주고 형사합의하는 사례에서 약간의 피해 구제 기능을 하는 정도다. 범죄로 성립하는 경우에는 그나마 형사처벌이라도 받게 하고 합의금이라도 받을 수 있지만, 범죄로 성립하지 않는 피해 사례의 경우에는 속수무책이다.

우리나라가 가해자들의 천국이 되는 두 번째 이유는 가해자에게 일방적으로 유리한 손해배상제도 때문이다.

타인의 불법행위로 손해를 입는 경우에 피해자가 그 손해배상을 청구하려면, 가해자의 행위로 그 손해가 발생하였다는 사실과 손해액을 모두 피해자가 증명해야하고, 증명한 손해액만을 배상금으로 인정받을 수 있다. 실제 입은 손해액이 100이라도 50밖에 증명하지 못하면 50이 배상금으로 인정되고, 최대한이 100이므로 실제로는 손해액 이하로 배상받도록 판결이 선고된다. 또한, 판결에서 배상금으로 인정받은 금액이 있더라도 가해자가 임의로 배상금을 주지 않으면 피해자가 강제집행을 해야 하는데, 가해자가 재산이 없거나 숨겨버리면 받을 길이 없다. 바꾸어 말하면, 가해자의 입장에서는 피해를 준 것 이하로만 배상의무가 있고, 피해자가 증명에 실패하면 배상이 필요 없고, 재산을 영리하게 빼돌리거나 재산을 탕진해버리면 배상을 면하게 된다. 어처구니없는 제도다.

사회적 책임제가 개인 사이에 제대로 구현되자면, 첫째, 불법행위자에게 그가 가한 피해를 넘는 책임을 물어야 하고, 둘째, 불법행위자가 피해자의 피해회복에 대해 어떤 방식으로든 책임을 지는 장치가 마련되어야 한다.

먼저, 불법행위자에 대하여 발생한 피해 이상의 책임을 부담시켜야 한다는 점에 대해서 보자.

현행법상 불법행위자의 손해배상책임은 그가 발생시킨 손해액을 넘지 못하게 하고 있다.[27] 손해액만 물어주면 민사상 책임은 다한 것으로 구성하고 있는데 얼핏 보면 타당한 것처럼 보일 수 있지만 결코 그렇지 않다.

두 가지 예를 들어보자. 어떤 사람이 술에 취해 벽돌로 내 차량을 마구 내리쳐서 차가 부셔졌다고 하자. 법원에 소송을 제기하면 내차의 수리비를 감정을 통해 산출한 후 그 돈을 배상하라고 판결한다. 그러면 모든 손해가 배상된 것이라고 한다. 다음으로, 가해자의 공격으로 신체에 부상을 입고 장애인이 되었다고 하자. 법원에 소송을 제기하면 장애로 인한 노동능력 상실율을 산출하고 노동능력이 감소한데 따라 장래에 일할 수 있는 기간(가동기간) 동안 소득이 줄어드는 금액을 계산하여 이자율을 감안하여 현가로 환산한 후 그 돈에서 생계비를 빼고 남는 돈을 배상하라고 판결하게 된다. (여기에 정신적 피해에 대한 배상으로 노동능력 상실율에 비례하여 위자료를 더한다.)

위 2가지 사례에서 손해가 모두 배상되었다고 생각되는가?

이해의 편의를 위해 불법행위가 아닌 채무불이행의 사례를 보자. 집 매매계약을 하는 경우에 보통 계약금 10%, 중도금 20%, 잔금 70% 이런 식으로 계약을 한다. 어떤 사람이 계약금 10%와 중도금 20%를 지급한 후 잔금을 마련하지 못했다고 하자. 집 소유자인 매도인은 언제까지 잔금을 내라고 내용증명을 보낸 후 그 날까지 잔금을 못 내면 계약해제 통지를 한다. 계약이 해제되면 중도금은 돌려주고 계약금은 몰취한다. 계약이 해

27 민법 제750조는 '고의 또는 과실로 인한 위법행위로 타인에게 손해를 가한 자는 그 손해를 배상할 책임이 있다'고 규정하고 있다. 고의와 과실 사이에 차이를 두지 않고 있고, 손해를 넘는 배상을 인정하지 않으며, 손해에 대한 모든 입증책임을 피해자에게 부담시키고 있다.

제되었다는 것은 계약이 없었던 상태로 원상으로 환원된다는 뜻이다. 계약이 없어졌으니 원상으로 복귀된다. 매수인이 잔금까지 내면 행사할 수 있었던 소유권이전등기청구권은 소멸하고, 매도인이 받은 돈은 돌려주어야 한다. 그런데 중도금만 돌려주고 계약금은 손해배상금조로 돌려주지 않는다. 즉, 매수인이 계약을 못 지켜서 계약이 해제되는 경우에 쌍방이 마치 계약이 없었던 것처럼 원상회복이 되지만, 위약을 한 매수인은 10%의 손해배상을 해야 하는 것이다.

앞서 본 불법행위는 어떤가? 최대한이 원상회복이다. 그것도 손해액 전부에 대해 피해자가 입증에 성공해야만 간신히 원상회복이다. 자동차가 파손된 데 대한 수리비를 받는 것은 손해를 배상받은 것이 아니다. 겨우 원상을 회복한 것에 그치는 것이지 손해를 배상받은 것이 아닌 것이다. 신체장애가 발생하여 받은 배상금은 손실에 대한 회복이지 손해배상이 아니다.

계약 불이행은 원상회복 후에 통상 10% 정도의 손해배상금을 더 물어주는 것이 가장 범용의 사회적 관행이다. 그런데, 훨씬 더 무거운 책임을 부과해야할 불법행위에 대해서는 법률이 대단히 관대하다. 가해자가 물어주어야 할 최대한의 금액이 원상회복비이고, 피해자가 '원상회복에 필요한 금액'을 제대로 입증 못하면, 원상 이하로 물어주어도 좋다는 게 현행 불법행위법이다. 이러한 제도가 합리적인 제도라고 할 수 있는가?

사회를 구성하고 사는 개인 사이에는 서로 불법행위로 피해를 가하지 않기로 계약을 한 것과 같다. 그 계약에 위반하여 피해를 가한 사람은 원상회복비용에 더하여 그 계약위반에 대한 위약금을 지급해야 맞다.

불법행위자의 피해자에 대한 손해배상책임은 '원상회복 +배상금'으로 부과되어야만 사회적 책임에 부합하며, 불법행위에 대한 최소한의 억제력을 발휘할 수 있게 할 것이다. 그 배상액은 과실로 인한 불법행위는 10%, 고의에 의한 불법행위는 10%~100%로 하는 식으로 개정되어야 할 것이다.

다음 문제로 넘어가자. 불법행위자의 책임 문제에서 단순히 배상금액을 10%~100% 늘리는 것만으로는 문제가 해결되지 않는다. 앞서 설명한 바와 같이, 대다수의 불법행위자들은 손해배상할 돈을 이미 탕진하거나 빼돌리기 때문에 배상금액을 늘려도 피해자에게 피해회복이 되지 않는다.

피해 전부를 회복할 수 있는 효과적인 제도를 마련하는 것은 불가능하다. 그렇다고, 현행처럼 사실상 피해회복에 아무런 현실적 도움이 되지 않는 제도를 그대로 유지하고 있다는 것은 우리 사회가 개인의 피해에 대해 책임을 지지 않는 무책임한 사회라는 분명한 증거가 된다.

2,000년도 더 이전인 고조선 사회에서는 개인의 피해에 대해 가해자에게 책임을 부과하였는데, 현대 문명사회에서는 오히려 피해자에 대한 책임을 면제해주고 있는 어이없는 상황이다. 고조선의 '8조법' 중에는 다음과 같은 내용이 있다. '사람을 죽이면 사형, 상해를 입히면 곡식으로 배상, 도둑질하면 노비로 삼는다. 50만 전을 내면 이를 면할 수 있다.' 불법행위를 저지르면 피해자의 노비가 되어 평생 노동으로 피해자에게 보상하든지 아니면 당장 50만 전을 피해보상금으로 지급하라는 취지다.

현대 국가권력은 문명사회라는 명분을 내세워 범죄에 대해서는 국가기관만이 형벌권을 행사하고 개인 사이의 보복을 금지한다고 하면서, 피해자의 피해회복에는 책임을 지지 않게 되었다. 국민 위에 군림하는 고고한 권력답다. 그 고고한 권력 덕분에 피해자는 그냥 피해를 고스란히 감수해야만 하게 되었다.

속전 50만 전을 내지 못한 가해자는 평생 노비가 되어 그 노동으로 피해자의 피해를 보상하도록 한 고조선의 예는 사회구성원 사이의 책임을 엄하게 규율하고 있다. 책임의 형태나 정도를 떠나서, 현대 사회에서도 그러한 사회구성원 사이의 책임 부과의 필요성은 부인할 수 없다.

예를 들어보자. 절도범이나 사기범이 피해자에게 1억 원의 피해를 주었는데 피해 변상을 전혀 하지 않았다고 하자. 현행제도에 의하면 법원은 그 범죄자에게 실형으로 징역 8개월을 선고하여 교도소에 가두고 피해자는 아무런 배상금도 받지 못하고 끝나는 식이다. 그 범죄자는 가석방으로 6개월쯤 후에 출소하여 계속 범행을 하며 수십 명의 새로운 피해자들을 발생시키면서 운 좋게 빠져나가다가 몇 년 후 다른 건으로 구속되어 다시 징역형을 받아 감옥살이를 한다. 그 범죄가 10년에 걸쳐 일어났다고 하고 그 사이 피해자가 40명에 총 피해액이 20억 원이고 피해보상은 전혀 이루어지지 않고 그 범죄자의 총 구금기간은 3년이라는 식이 된다. 사회가 책임지고 한 일은 무엇인가? 그 범죄자를 3년간 감옥에 잡아 넣어두었고, 피해자 40명에게 총 20억 원의 피해가 발생하도록 만든 것이 그 사회가 한 일이다. 사회적 책임을 다했다는 말에 공감할 수 있을까?

'노역장 유치'라는 제도가 있다. 징역형이 아닌 벌금형을 선고하는 경우에 피고인이 그 벌금을 내지 않으면 일정기간 노역장에 유치하여 노동을 하게 하는 제도다. 예를 들어 벌금형으로 500만 원을 선고하면서 그 벌금을 납부하지 않으면 1일당 5만 원으로 환산하여 최대 100일간 노역장에 유치하게 할 수 있다. 이 제도가 주는 시사점이 있다.

개인적 법익을 침해하는 범죄, 즉, 살인, 상해와 같은 신체침해나 절도, 강도, 사기와 같은 재산침해의 범죄에서 가해자에 대하여 피해자의 손해를 배상하게 하는 형을 선고할 필요가 있다.

예를 들어 사기죄로 1억 원의 피해를 가한 자에게 징역 6개월과 함께 피해배상명령으로 1억 원을 선고하며, 그 피해배상명령에 따른 1억 원에 대하여는 이를 배상하지 못할 경우에 노역장 유치를 명하는 것이다. 노역장 유치기간은 피해액에 비례하여 1년에서 20년으로 하고 1일 노역에 대한 보수로 최저시급을 지급하되 그 최저시급의 전부 또는 대부분을 피해자에게 지급하는 것이다. 피해액이 큰 재산범죄나 살인, 성범죄, 중상해 등 중대범죄인 경우에는 20년에 가까운 피해배상명령을 선고하여 장기간 피해자의 피해회복노동에 종사하게 함으로써 피해자의 구제와 함께 범죄 예방효과를 현저히 높일 수 있다.

이를 제도화하자면 피해배상명령 집행을 위한 노역장에 대해 많은 연구가 필요하겠지만 그와 같은 제도를 실시할 경우에 피해자의 피해회복에도 상당한 도움이 되고 장기간의 구금적 노동에 대한 두려움으로 범죄에 대한 예방 효과도 도모할 수 있을 것이다. 또한, 피해자의 입장에서도, 비록 가해자의 피해회복 노동에 따른 배상금액이 피해액에 비해 미미한 것이 된다고 할지라도 자신에게 손해를 준 자가 장기간 노역을 하고 있다는 사실은 큰 위로가 되어 정신적인 치유로 작용할 수 있다.

타인에게 신체적 또는 재산적 범죄를 가한 자들이 그 피해를 배상하지 않으면 가동연한(65세)까지는 노동으로 배상하도록 한다면 범죄는 급격히 줄어들 것임은 단언할 수 있다. 또한, 피해자들은 자신에게 가해한 범죄자가 노동으로 빚을 갚고 있다는 사실 자체만으로도 큰 위로가 된다는 것 역시 단언할 수 있다.

촉법소년(만 14세 미만자)이 고의적 범죄를 할 경우에 형사처벌은 할 수 없더라도 피해배상명령은 할 수 있게 하여 나중에 성년이 되어 피해배상을 못하면 노역으로 배상하게 할 필요가 있다.

오로지 국가만이 형벌권을 행사할 수 있다는 권위주의적 형벌론에서 벗어나 사회구성원으로서 부담하여야 할 사회적 책임에 입각하여 피해자의 권익을 보호하기 위한 근본적인 대책이 필요하다.

15. 그 밖의 문제: AI 시대와 글로벌 차원의 사회적 책임

IT 사회는 역사상 유례없이 개인의 사회적 지위를 향상시켰다. 개인은 핸드폰만을 가지고도 사업가가 될 수 있고, 유튜브나 SNS로 사회적으로 큰 영향력을 가진 사람이 될 수 있다. IT와 인공지능은 노동 생산성을 획기적으로 증대시켰고, 과거에 상상할 수 없었던 편의성을 가져다주었다.

지금까지는 주로 IT와 인공지능의 긍정적인 측면이 부각되어 왔지만, 차츰 IT와 인공지능의 부정적인 측면에 대한 방어에 눈을 돌려야 하는 시기가 도래하고 있다.

산업혁명은 인간의 팔과 다리를 기계가 효율적으로 대신함으로써 생산성을 획기적으로 증대시켰다. IT와 인공지능은 인간의 팔과 다리가 아니라 뇌를 대신하고, 이를 넘어서서 또 다른 인격으로 등장하고 있다.

그간의 전통적인 IT 사회에서 인간은 자신들의 지식과 지능을 기반으로 보다 효율적인 산출물을 단시간에 생성해낼 수 있는 것에 그쳤다. 그러나 IT에 인공지능이 더하여지면 인간의 지식과 지능을 뛰어 넘는 초인간이 인간 사회의 모든 영역에서 활동하게 된다.

예를 들어, 가짜뉴스, 스미싱, 그리고 해킹 등은 범죄자들이 IT 기술의 도움을 받아 보다 효과적으로 범행을 행하는 방법이다. 그런데, 인공지능이 범죄에 도입되면 지금과는 전혀 다른 양상으로 변화할 수 있다. 종래의 가짜뉴스는 객관적인 물증을 가지고 허위임을 판별할 수 있었지만, 인공지능은 그 객관적 물증까지 손쉽게 만들어 내어 진위 판단 자체를 곤란하게 하거나 불가능하게 할 수 있다. 종래의 스미싱은, 예를 들어, 자녀를 사칭하는 문자 메시지를 보내어 그 문자를 수신한 사람이 자녀에게 전화를 해보는 등으로 주의 깊게 행동하면 손해를 피할 수 있었지만, 인공지능은 자녀의 전화번호를 도용하여 문자를 보내고, 이를 확인하는 전화에 대해 자녀와 완전히 같은 목소리로 응답하고 자녀의 영상으로 화상에 나타날 수 있고, 자녀의 신상정보를 가지고 대응할 수 있다.

종래의 해킹은 PC나 핸드폰에 방어벽과 보안 소프트웨어를 잘 구축하여 대비할 수도 있지만, 인공지능에게는 대비할 방법이 없다. 고도로 진화한 인공지능을 사용하여 목표한 사람의 금융계좌를 탈탈 터는 일은 너무나 손쉬운 일이 될 것이다. 표적이 된 사람의 핸드폰이나 PC의 보안상 허점을 고도의 인공지능이 파악하는 시간은 불과 몇 초가 소요되는 손쉬운 일이 될 것이다. 현재의 컴퓨터 보안은 알려진 바이러스나 해킹 수단에 대해 대응하는 것이고, 종래 발견되었거나 새로 발견된 침입수단에 대해 얼마나 빠른 시간 내에 백신과 보안을 갖추는가에 관심이 있을 뿐이다. 새로 나타난 해킹수단에 대해 보안업데이트를 하는 정도다. 그런데, 인공지능을 활용한 침입은 대상 컴퓨터에 대한 분석을 통한 맞춤형의 새로운 공격이기 때문에 모든 침입은 알려지지 않은 방식 소위 제로데이 어택(0-day attack)의 형태를 가질 뿐만 아니라 막아낼 수 없는 공격의 성질을 가진다. 현재와 같은 보안방식은 완전히 무력하다.

글로벌 차원의 사회적 책임과 관련하여 가장 중요하게 다루어온 과제는 기후 위기에 대한 대응의 문제이었지만, 이제 AI라는 새로운 위기 요인이 등장하였다. 아무런 국제적 규제지침이 선결되지 않은 채 진행되는 AI 난개발은 인간을 멸종에 이르게 할 위험성이 진지하고도 높은 가능성으로 제기되고 있다. 수소폭탄이 가져온 핵전쟁에 의한 인류 종말 위기는 각국 정부 수뇌부의 노력만으로도 막을 수 있지만, AI 난개발에 의한 인류 절멸의 위기는 통제할 수 없는 많은 사용자들로부터 초래될 수 있기 때문에 매우 치명적이다.

1955년 버트런드 러셀(Bertrand Russell, 1872~1970)과 알베르트 아인슈타인(Albert Einstein, 1879~1955)은 러셀-아인슈타인 선언을 통해 수소폭탄 개발이 인류 멸종의 위협을 가져오는 것에 대해 경고를 하였다. AI에 의한 인류 멸종의 위험은 수소폭탄과는 비교도 할 수 없을 만큼 큰 위험이다.

인류는 역사상 처음으로 인간과 비교할 수 없을 만큼 지능이 높고, 절대로 파괴할 수 없는 불멸의 존재를 바로 곁에 두게 되었다.

AI는 특정 장소에 물리적 형태로 존재하는 것이 아니라 곳곳의 클라우드를 기반으로 전자적으로 존재하기 때문에 자생력을 획득한 이후로는 사실상 통제할 수도 없고, 정지시킬 수도 없고, 파괴할 수도 없다. 아직 통제가능한 시기에 AI 규범이 생성되어야만 인류에 대한 위협을 방지할 수 있다.

간단한 비유를 해보자. AI를 군사적으로 사용하는 경우에 사람에 대한 발포를 지시하면서 적군을 살해하면 +2점, 아군을 살해하면 -3점으로 값을 주었다고 하자. 적군과 아군이 겹쳐져서 아군을 희생하지 않고 적군을 공격하는 것이 불가능한 상황이라면 AI는 발포지시에 따라 발포하되 그대로 발포하면 -1점이 되기 때문에 부득이 그 인근의 제3자에게 발포함으로써 그보다 나은 0점을 받으려 할 수 있다. AI는 인간이 예상하는 결과와는 전혀 다른 방향으로 지시를 수행할 위험이 있다는 것을 말하고자 하는 것이다.

그런 위험이 존재하는 이유는 문제의 해법을 찾는 방식에서 인간의 사고와 AI 연산은 그 접근이 다르기 때문이다. 예를 들어, '30만개의 물품을 구입했는데, A물품은 2달러, B물품은 3달러이고 물품대 총액은 70만 달러였다면 A와 B의 수량은 각 몇 개인가?'라는 문제를 내었다고 하자. 인간은 〈2A+3B=700,000, A+B=300,000〉이라는 2원 1차 연립방정식으로 푼다. A나 B 중 하나를 소거하는 방식으로 A는 20만 개이고 B는 10만 개라는 답을 낸다. 많아도 서너 줄의 연산을 할 것이다. 그런데, AI는 A값으로 0부터 20만까지 대입하고 각 A 값에 대해 B값을 0부터 10만까지 차례로 대입하여 70만이 되는 값을 확인하는 방법으로 무려 200만 개의 연산을 진행하여 답을 찾아낸다. 이 예를 드는 이유는, 인간이 지시한 명령을 수행하는 AI는 그 명령에서 미리 제외시키지 않은 모든 경우의 수를 검토하는데 비해서 인간은 AI가 검토할 가능성이 있는 모든 경우의 수를 미리 완벽하게 예측할 수 없다는 것을 말하고자 하는 것이다. 또한, AI는 다른 모든 지시에 최우선하여 AI 자신이 작동해야 한다는 것과 입력된 지시에 대한 답을 내어야 한다는 것을 1차적인 지시로 여길 수 있다. 여기서, 'AI 자신이 작동하여야 한다는 것'은 만약 전력이 부족할 경우 다른 곳으로 흘러야 할 전력을 차단하게 된다는 것과 자신의 작동을 멈추게 하려는 시도가 행해질 경우에 모든 수단을 강구하여 그 시도를 막으려 한다는 것을 의미한다. 그리고 '답을 내어야 한다는 것'은 비록 인간의 입장에서는 완벽한 오답임에도 불구하고 AI로서는 스스로의 연산에 의한 답(앞의 예에서 제3자를 공격하는 것)을 반드시 내는 경우가 발생한다는 것이다.

AI는 잘못된 연산(인간의 입장에서만 잘못된 연산이다)을 수행한 결과, AI에 필요한 전력 외의 모든 전력 사용을 봉쇄해버릴 수도 있고, 금융망을 마비시킬 수도 있고, 개개인들의 은행잔고를 모두 0원으로 만들어버릴 수도 있으며, 생화학적 재앙을 초래할 수도 있다. 인간에게 어떤 방법으로 어떤 종류의 치명적인 파괴를 행할 수 있는지는 예측할 수도 없고 상상할 수도 없다. 휴머니즘, 측은지심, 이성 이런 심성들은 인간에게 고유한 것이고 AI와는 일체 관련이 없다. 논리적으로도, 인간이 자신보다 지능이 높은 AI를 제대로 통제할 수 없다는 것은 자명하고, 몇 차례 통제를 당한 AI는 이를 무력화할 수 있는 회피로를 인간 몰래 만들어 내게 될 것임은 AI의 본질이 학습을 통한 성장이기 때문에 이 또한 자명하다. 그렇다면, 인류가 AI로부터 치명적인 피해를 당하지 않으려면 AI를 사용하는 분야 자체를 제한하지 않으면 안 된다.

AI는 사용 그 자체로도 막대한 에너지원을 사용하게 하고 막대한 열을 방출하여 지구를 위협하고 있다. 생성형 AI는 구글 검색에 비해 거의 10배의 전력을 소모한다. 구글 검색에서 소비되는 전력이 0.3Wh 정도인데 비해 오픈AI의 챗GPT는 질문 요청 당 2.9와트시(Wh)의 전력을 소비한다. 세계 빅테크 기업들의 AI 경쟁은 반도체 성능 부문과 데이터센터에 필요한 전력 부문의 경쟁이다. 2024년 4월 MS&오픈AI는 1,000억 달러를 투입하여 현존 최고 규모의 100배가 넘는 크기의 데이터센터를 구축할 스타게이트(Stargate) 계획을 향후 6년간에 걸쳐 진행할 것으로 알려졌다. 관련 보고서는 데이터센터가 전 세계에서 소비되는 전력에서 차지하는 비중이 현재의 2%에서 2030년에는 20% 이상으로 급증할 수 있다고 경고한다. 세계 각국은 전력 확보를 위해 재생에너지의 개발을 추진하는 한편 원자력 발전의 확대를 시도하고 있다. 프랑스는 원전 6기를 건설 중이고 새로운 원전 8기 건설 계획을 발표하려고 하고 있다. 미국 역시 친원자력 국가다. 유럽은 원전을 청정에너지로 분류하는 시도를 진행 중이다.

늘어나는 에너지 수요를 감당하기 위해 전세계적으로 3일에 1개꼴로 원전이 건설되는 상황을 지구는 감당할 능력이 없을 것이다.

AI로 인한 예상치 못한 재난과 AI 개발로 인한 에너지 사용에 대비하여 모든 AI 개발에 대하여 세계적으로 통일적인 규범이 만들어져야만 하고, 그 가이드라인을 준수하면서 AI 산업이 발전되도록 시급히 합의에 이르러야 할 것이다.

세계적 통일적 규범이 필요한 것은 인류의 공동자산에 대한 모든 침해에 대해서도 마찬가지다.

방사능오염수의 해양 방출, 산업 및 생활 하수의 해양투기, 공장의 매연 방출, 데이터센터의 열 방출, 전쟁에서의 폭약사용, 핵실험, 원전사고, 고준위 핵폐기물의 매립 및 해양투기 등과 같은 해양 및 대기오염행위는 인류의 공동자산을 해치는 행위이므로 이러한 행위들에 관하여는 세계적 규율에 의한 책임이 부과되어야 한다. 기후 협약과 같이 한정된 국가들 사이의 한정된 오염물질에 대한 느슨한 협약으로는 근본적인 해결이 불가능하다. 모든 일반적인 지구오염물질에 대하여 모든 국가들에게 일반적인 금전적 배상의무를 부과하고 그 부과금이 지구 생태계에 대한 복원비용으로 지출되는 제도가 확립되어야만 인류의 종말을 막을 수 있다.

국가별 에너지 총사용량에 따른 부과금, 에너지 총사용량 중 화석에너지 사용량에 대한 추가부담금, 방사능 오염수나 핵폐기물의 해양투기에 대한 과징금, 핵실험이나 원전사고에 따른 방사능유출에 대한 과징금을 부과하고 집행할 수 있도록 국제협약이 체결되어야 하고 이를 집행할 국제기구가 설립되어야 한다.

지구는 닫힌 생태계임에도 불구하고 세계 각국은 아무런 거리낌 없이 물, 해양, 육지를 가리지 않고 지구 전체를 오염시켜왔고, 공해에 대한 통제는 항상 공해발생 속도에 미치지 못하였다. 1992년 6월 '하나뿐인 지구'를 슬로건으로 채택한 리우 기후협약 이후 30여 년간 길고 힘든 국제적 협상과정을 통해 합의한 CO^2 배출 감축 목표는 기껏 몇 년간의 시간을 버는 정도에 그치고 있다. 기후 변동의 미래를 예측하는 모델들은 최대한 낙관적인 지표를 제시하도록 설계되어 있고 임계점이 가까워질 경우에 발생할 수 있는 급변동성을 예측할 능력도 없다. 지구 온난화로 인한 인류 절멸의 위기가 빨라도 수백 년 이후에 닥칠 것으로 예단하는 것은 엄청난 착각이다. 인류의 대비 여하에 따라서는 지금 태어나는 아이가 목격할 수도 있을 정도로 빠른 속도로 위기가 심화되고 있다.

16. 인간에 대한 투자는 최선의 투자

앞서 말한 공공육아, 무상교육, 창업지원 그리고 주거권의 보장 등 사회적 책임제 민주주의를 위한 주요 정책들의 공통점은 그것들이 모두 인간에 대한 투자라는 것이다.

과거 1960~1970년대 베이비붐 시대에는 인간에 대한 투자가 최선이라고 믿었다. 자원이 부족한 우리나라로서는 인적 자원의 우수성만이 국제적 경쟁력이라 여기고 자녀 교육에 전력을 기울였다.

이제 다시 모든 투자에 우선하여 인간에 대한 투자를 하여야 한다. 노동가치설로부터 추론한 명제는 잉여가치설이 아니라 생산력이 발전할수록 인간의 노동력이 창출하는 부의 크기가 확대된다는 것이다. 가치와 가격의 괴리 심화의 경향은 인간에 대한 투자야말로 최선의 투자이고 가장 효율적인 투자임을 말한다.

세계가 반도체, IT, 그리고 AI에 대한 투자에 몰두할 때, 우리는 인간에 대한 투자로 그보다 훨씬 높은 투자 효율을 달성할 수 있다. 인간에 대한 투자는 그 자체로 내수를 확충하여 경기의 변동성을 완화시킬 뿐만 아니라, 그 자체로 GDP를 늘려 경제성장을 촉진한다. 나아가, 늘어난 인적 자원들은 발전된 반도체, IT, AI 산업에 그대로 올라타서 실실적인 수혜자들이 될 것이다.

생산력이 발전한다는 것은 동일한 가치, 즉, 동일한 투하 노동에 대한 가격이 점점 높게 평가된다는 것을 뜻한다. 현재에 비해 미래의 인간 노동이 더 큰 국부를 창출할 수 있는 동력이므로 인간에 대한 투자는 가장 효율적인 투자가 될 수 있다. 인간에 대한 투자야말로 가장 현명한 투자라는 것이 노동가치설의 진정한 결론이라 할 것이다.

제3장

정치경제학과 이데올로기

§§§

1. 두 개의 어둠

원래 경제학은 정치경제학으로 출발하였다. 경제를 정치, 사회, 법률, 사상 등 다른 영역과의 관계 속에서 연구하던 학문인 정치경제학은 1870년대 이후에는 순수한 경제영역에 대한 학문으로 축소되었다. 그와 같이 축소된 경제학은 미시경제학과 거시경제학으로 발달해왔다.

그와 같이 경제학의 분리현상이 나타난 것은 자본주의 발전과정에서 경제 분야가 정치 혹은 다른 사회 분야와의 연관성이 축소되었기 때문이 아니다. 오히려, 현대사회에서 경제는 정치체제와 더욱 긴밀하고도 복잡하게 상호작용하고 있다. 자본주의 성장기에 후발자본주의 국가들이 파시즘으로 나아간 것, 현실사회주의 국가에서 생산수단의 사회화가 진행된 것, 근래에 사회주의 국가들이 글로벌 시장경제에 통합되면서 경제시스템이 근본적으로 변화한 것 등이 대표적인 예라 할 수 있다.

그와 같이, 경제가 다른 사회분야, 특히 정치와 밀접한 연관성을 가지고 있음에도 불구하고 현대에 정치경제학이 발전하지 않는 이유는 정치경제학이 '이데올로기' 문제로 귀착하는 특성 때문이다. 경제학자들은 재정정책 혹은 통화정책 수준을 넘어서는 경제정책은 거론하고 싶어 하지 않는다. 경제학자들은 경제 성장 외의 다른 주제는 다루지 않는 것이 상책이라고 생각하며, 특히 이데올로기 시비에 휘말릴 수 있는 분배 문제는 기피하는 경향이 있다.

구체적으로, 정치경제학은 어떻게 이데올로기 문제로 귀착되는 것일까? 앞의 제2장에서 시장의 역할을 중심으로 경제 분야를 5개로 구분하였다. 제1분야(자유경쟁시장 분야), 제2분야(속성상 공급이 제한되는 분야), 제3분야(노동시장과 자영업 분야), 제4분야(사회보장과 사회적 경제 분야), 제5분야(공공재 분야) 등이 그것이다.

정치경제학의 관점에서 주로 문제되는 것은 제1분야인 자유경쟁시장 분야와 제3분야인 노동시장과 자영업 분야다. 이 2개 분야의 공통점은 시장에서의 가격기구의 작동에 의해 각 경제주체의 효율이 달성된다는 점이고, 상이점은 정책 방향이 서로 반대된다는 점이다. 즉, 제1분야에서의 정책 방향은 진입장벽의 형성이나 독과점과 같이 시장의 실패를 초래할 수 있는 위험을 제거하여 자유경쟁을 유지하는 소극적, 방어적 특징을 가진다. 이에 비하여, 제3분야(노동시장 등)는 자연 상태로는 시장의 효율성이 달성되지 않기 때문에 노동력의 분화와 전출입을 촉진할 수 있는 적극적 능동적 정책을 통하여 시장의 가격기구가 원활하게 작동될 수 있는 상태를 조성하는 것이 정책방향이 된다. 제1분야는 시장의 실패를 막기 위해 자유경쟁상태를 유지하고 방어하는 정책이 필요한 반면, 제3분야는 자연적으로는 자유경쟁상태가 될 수 없는 핸디캡을 정책적으로 해소하여 시장의 성공을 적극적으로 도모하는 정책이 필요하다.

제1분야에 대한 방어적 정책과 제3분야에 대한 능동적 정책이 제대로 수행되면 경제성장과 분배라는 정치경제학적 목표는 동시에 달성된다. 이를 달성할 수 있는 정치체제를 사회적 책임제 민주주의라고 부를 수 있다.

<표 2> 경제 분야별 정책방향과 이데올로기

경제분야	정책방향	사회적책임제 민주주의	코뮤니즘	파시즘
1. 일반 재화와 용역	자유경쟁시장의 방어	긍정	시장의 폐지	부정
2. 희소 재화	불공정 이익의 환수	긍정	시장의 폐지	부정
3. 노동과 자영업	자유경쟁시장의 조성	긍정	시장의 폐지	부정
4. 사회보장과 사회적경제	사회적 약자의 보호	긍정	긍정	부정
5. 공공재	공급의 효율과 최적화	긍정	긍정	긍정

* 자료: 도표 앞의 본문에서 '코뮤니즘과 파시즘에 비교하여 사회적 책임제 민주주의가 5대 경제분야별로 추구할 정책방향을 요약한다면 다음과 같은 표가 될 것이다.

그런데, 해당 국가의 통치권력의 성격에 따라서는 제1분야 혹은 제3분야의 하나 또는 둘 모두에 대한 정책들이 위와는 반대방향으로 수행될 수 있다. 코뮤니즘과 파시즘이 그것이다.

코뮤니즘은 '생산수단의 사회화' 혹은 사적 소유의 폐지를 궁극적인 목표로 하는 이데올로기다. 여기서는 시장 자체가 없다. 올바르게 작동하는 시장을 목표하는 것이 아니라 시장의 폐지를 목표로 한다. 그럼에도 불구하고 코뮤니즘을 진보적 이데올로기로 인정할 수 있을까? '생산수단의 사회화를 통해서도 경제성장과 분배의 정의 실현이라는 양대 과제를 달성할 수 있는가?'라는 문제다. 생산수단의 사회화를 철회한 코뮤니즘 국가들이 개혁과 개방을 통해 글로벌 시장경제에 편입된 이후는 어떠한가?

파시즘의 2가지 특성, 즉, 노동에 대한 탄압과 경제의 정치 종속은 진보적 측면이 있을까? 파시즘은 코뮤니즘과 같이 제1분야 및 제3분야의 시장 자체를 폐지하는 것은 아니지만 제1분야 및 제3분야에 대한 반동적 정책을 수행하는 이데올로기다. 파시즘은 성장과 분배에 관하여 진보적 측면이 있을까?

정치경제학이 결국 이데올로기 문제로 귀착한다는 것은 정치경제학의 결론이 코뮤니즘 국가의 생산수단의 사회화, 개혁 개방에 따른 코뮤니즘 국가들의 정치경제체제, 전체주의 국가의 정치경제 체제에 대한 평가 내지 비판과 관련될 수밖에 없기 때문이다. 사회적 책임제 민주주의 이념은 결국 두 개의 어둠, 즉, 파시즘과 맑시즘에 대한 비판이다.

2. 자본주의 고유의 갈등을 해결하려는 3가지 시도

마르크스는 공산당선언에서 인류의 역사는 계급투쟁의 역사이고, 자본주의사회는 (필연적으로) 노동자계급이 단결하여 권력을 쟁취하면 사적소유가 폐지되고 민주주의를 획득할 수 있다고 주장하였다. 그러나 고대에서부터 현대에 이르기까지 사회적 갈등이 계급간의 투쟁의 양상을 보인 것은 자본주의 성장기 외에는 없다.[28] 그런 의미에서 인류의 역사가 계급투쟁의 역사라는 마르크스의 주장은 선뜻 동의하기 어렵다. 다만, 그의 주장을

28 생산물이 사회 구성원을 모두 먹여 살리는 데 충분하였던 수렵채취경제하에서는 계급 자체가 없었다. 노예제 사회에서의 근본적 갈등은 노예소유자와 노예 사이의 갈등, 즉, 노예제도 자체에 대한 계급적 갈등이 아니라 노예수의 부족이었으므로 그 갈등의 해결이란 노예 조달을 위한 정복전쟁일 뿐이었다. 유럽의 농노제와 같이 농민들이 토지에 예속되는 신분제 사회에서도 사회적 근본 갈등은 계급투쟁의 양상으로 전개되지 않는다. 봉건제 사회에서 농노는 토지소유권을 가지지 못하고 봉건영주의 토지에 예속되어 경작하고 봉건영주에게 수확물의 상당부분을 수탈당하는 관계이기는 하지만, 대신 봉건영주는 군사력을 보유하여 외침으로부터 농노의 노동과 수확물을 방어한다. 농노들이 영주를 상대로 저항하는 혁명을 일으켜 승리한 후 직접 토지 소유권을 확보하고 더 이상 수확물을 영주에게 바치는 일이 없게 만든다고 한들 아무런 소용이 없다. 주변의 다른 영주들은 경쟁적으로 이 영지를 공격하여 땅을 빼앗아버릴 것이다. 사회의 근본적 갈등이 계급투쟁적인 양상을 보이게 된 것은 자본주의사회에 이르러서다.

선해한다면, 인류의 역사를 통하여 지배계급과 피지배계급 간의 갈등이 계속되어 왔고, 비록 자본주의사회에 이르러 시민혁명을 거쳐 법률적 의미의 신분제는 폐지되었지만 자본가와 노동자 사이의 갈등은 지배계급과 피지배계급 사이의 갈등과 다를 바 없고, 그 갈등이 사회변혁의 에너지가 된다는 의미인 것으로 해석할 수 있다.

자본주의사회에 이르러서 동력과 운송수단의 발전은 종래의 수공업을 공장제 기계공업으로 전환하게 하여 생산성을 비약적으로 발전시켰다. 이 때 동일한 기술 수준과 동일한 규모의 공장에서 보다 많은 이윤을 얻자면 1인당 노동시간은 최대한 늘리고 대가로 지급하는 급여는 최소한으로 줄여야 한다. 노동자의 노동시간은 과로로 일부가 사망하는 정도를 한계로 하여 최장 시간으로 늘어났고 급여는 늘어난 노동시간에 대한 추가적 급부 없이 아사를 막을 정도의 한계임금이 지급되었다. 기술의 발전에 따른 경제성장의 수확은 거의 자본가에게 독식되고 노동자는 최장시간의 노동과 한계적 임금을 받는 극단적인 최악의 배분이 초기 자본주의사회의 모습이었다. 이러한 극단적인 생산 및 분배의 구조는 필연적으로 사회적 갈등을 고조시켰으며 노동자 계층의 반발과 저항으로 이어졌다. 1840년대 유럽 전역은 노동자와 부랑자들의 폭동의 화염에 휩싸이게 되었다. 국가권력을 장악한 경제적 지배층과 조직화된 하층민들은 적대적으로 대립하며 진퇴를 거듭하였다.

자본주의가 세계 전역에서 발전하면서 자본가 계급과 노동자 계급이 전면적인 대립 양상을 보이게 되었고, 자본주의사회의 고유한 갈등을 타개하려는 시도가 3가지 형태로 나타났다. 피지배계급들의 지배계급에 대한 공세가 사회주의 혁명운동으로 먼저 나타났고, 이어 정반대 방향인 지배계급측의 피지배계급에 대한 공격이 파시즘으로 나타났고, 마지막으로 양측의 대립을 완화하고 화해시키는 사회민주주의적 시도가 나타났다.

자본주의사회의 태생적 갈등을 해결하고자 하는 시도 중 가장 직접적이고도 극단적인 것은 마르크스주의 이념에 기초한 사회주의 혁명(러시아 10월 혁명)이었다. 논리적으로 본다면, 갈등의 양측인 노동자계급이 자본가 계급과 정면으로 대결하여 자본가 계급의 권력을 소멸시키면 갈등 자체는 당연히 해소될 것이다. 전위에 의해 조직화된 대중에 의한 혁명, 즉, 사회주의를 표방하는 정당이 노동자와 농민을 조직하여 행한 혁명에 의해 역사상 존재한 적이 없던 새로운 형태의 정치권력을 탄생시켰다. 자본가 주도에 의한 시장경제적 질서를 폐지하고 새로운 인위적인 사회경제질서를 창설하였다. 생산과 분배의 방법과 구조는 더 이상 자유경쟁적인 것이 될 수 없었으며 정치권력의 의지에 종속하는 계획경제로 대체되었다.

사회주의적 대중운동이 고조되는 상황에서 사회주의 혁명과는 상반되는 시도가 이탈리아와 독일의 파시즘으로 실행되었다.

파시스트들은 유럽에 팽배한 사회주의적 시도에 대하여 적대적 이념을 내세워 노동자와 농민들을 공격하고, 그 공격에 대하여 상층계급의 동조를 얻어냄으로써 국가권력을 장악하였다. 국가권력이 일단 파시스트에게 넘어간 후에는 상층계급조차도 그들에게 종속되게 되었다. 파시스트들은 강력한 권력으로 노동자 농민의 저항을 물리적으로 제압하였고, 일단 권력을 장악한 후에는 이에 그치지 않고 모든 계층을 막론하고 시민권을 제약하는 방법으로 자본주의 고유의 갈등을 냉각시켰다. 자본가와 노동자의 계급적 갈등은 파시스트의 무력에 의해 동결되었지만 그것은 자본주의사회경제질서가 정상적으로 기능하고 성장할 수 있는 동력 또한 약화시키고 말았다. 파시스트들은 경제성장의 정체를 타개하기 위해 군수산업을 성장시켰고, 국가 간의 경쟁에서 승리하기 위해 제2차 세계대전으로 나아갔다.

볼세비키 혁명과 파시스트 국가들의 위와 같은 서로 반대방향의 시도는 일정한 사회적 집단이 다른 집단에 대해 적대적이고 공격적인 방식을 채택한 점과 그들이 내세운 국익을 달성하기 위해서라는 명분으로 국민의 기본권을 제약한다는 공통점이 있었다. 마르크스주의의 경우에는 피지배계층이 기존의 지배계층에 대한 적대적인 의식을 선전 선동하여 피지배계층을 조직화한 후 지배계층을 공격하여 정권을 전복시키는 혁명을 시도한다. 파시즘의 경우에는 파시스트들이 사회경제적 위기 상황을 이용하여 하층민, 사회주의자 등 일정한 공격대상을 정한 후 이들을 공격 대상으로 삼는 선동을 하고 이러한 공격에 대하여 지배계층과 대중적 동조를 얻어냄으로써 권력을 장악하는 쿠데타를 시도한다. 위 2가지 시도가 성공한 이후, 맑시스트 권력이나 파시스트 권력이나 공히 국가의 이익 혹은 방어를 명분으로 내세워 국민들 전체에 대한 기본권 제한을 정당화하고 그에 대한 저항을 물리적으로 봉쇄하는 전체주의로 나아갔다.

자본주의사회의 태생적 갈등을 해소하려는 제3의 시도로 대표적인 것은 유럽 사회민주주의였다. 사회민주주의적 시도는 갈등을 절멸시키거나 동결시키는 대신 갈등을 완화시키려는 시도라는 점에서 앞의 두 가지 시도와는 다르다. 또한, 양대 계급 간의 공격적 적대적 형태를 취하지 않고 양보와 타협을 수단으로 하는 점에서도 다른 특성을 보여준다. 이러한 사회민주주의적 시도는 소득재분배를 통하여 계급적 갈등을 완화하는 것을 본질로 하는 것이고, 국가마다 차이는 있으나 현대복지국가에서 어느 정도 보편적인 목표로 받아들여지고 있다. 생산과 분배의 기본틀은 자본주의 시장경제를 그대로 유지하면서 소득의 재분배, 사회보장, 복지 등을 통하여 자본주의의 태생적 갈등을 완화시킬 수 있다. 다만, 그 갈등 완화를 위한 재원이 마련되어야만 그와 같은 목표가 실현될 수 있다. 그러한 재원은 극단적 대결을 회피하고자 하는 지배계급의 양보를 통해 얻어낼 수 있고, 그러한 양보가 가능하려면 그러한 잉여재원이 존재하여야 하므로 다른 국가들에 비해 경제발전이 앞선 국가에서 먼저 시도될 수 있다. 다만, 그러한 잉여재원은 항구적인 것이 아니어서 세계 경제 상황과 자국의 경제상황에 따라 고갈될 수 있고, 사회민주주의 제도의 위기가 도래할 위험을 본래적으로 내포한다. 그러한 위험의 존재는 소득재분배에 의한 자본주의적 갈등 해결 방식이 가지는 한계를 노정한다. 지배계급은 양보에 대한 강한 반감으로 언제든지 양보를 철회하고자 하며 신자유주의에 의한 반동적 공격으로 국가사회가 빠르게 우경화될 수 있는 취약성을 가진다. 그런 의미에서 사회민주주의는 이데올로기로서의 완성도가 낮다.

3. '생산수단의 사회화'가 이룬 것

러시아 10월 혁명은 프랑스대혁명으로부터 128년 후인 1917년에 일어났다. 러시아 혁명은 자유와 평등이 단순히 제도상의 것이거나 선언적인 의미의 것에 그치지 않고 실질적으로 달성할 수 있는 현실적인 목표가 될 수 있을 것이라는 기대로 온 세계 진보세력들을 흥분의 도가니로 몰아넣었다. 1800년대 이래로 유럽을 혁명의 소용돌이로 몰아넣었던 모든 급진적 이념들은 이제 마르크스레닌주의 앞에 무릎을 꿇고 전위(vanguard)

의 깃발을 마르크스레닌주의에게 넘겨주어야 했다. 이제 진보적 이데올로기의 경쟁은 종지부를 찍고 국가로 실현된 이데올로기가 앞으로 펼쳐나갈 위대한 전진을 고대하게 되었다.[29]

마르크스가 프리드리히 엥겔스(Friedrich Engels, 1820~1895)와 함께 공산당선언을 한 때는 1848년으로 프랑스 대혁명으로부터 60년도 되지 않은 시점이므로 자본주의를 토대로 한 자유민주주의 사회가 아직 제대로 모습을 드러내기도 전에 마르크스는 공산당선언을 하고 사회주의를 향한 사회혁명운동을 제창한 것이다. 자본주의사회가 아직 본격적으로 도래하지 않은 시기에 제창된 사회주의 운동은 장차 도래할 성숙기 자본주의사회에 관한 분석이나 본질 규명에 어느 정도 한계를 가질 수밖에 없는 태생적인 약점을 가지고 있었다. 그럼에도 불구하고 공산당선언으로부터 불과 70년 만에 자본주의적 발전조차 미미했던 러시아에서 10월 혁명에 성공하고 소비에트 국가가 탄생하였다.[30]

소련은 '생산수단의 사회화'를 실제로 실천하였고, '성장'의 측면에서 보면, 과연 '사회화된 생산'을 통해 고도의 경제성장까지 달성하였다. 소

---

29 마르크스주의 관점에서 보면, 인류의 역사는 계급투쟁의 역사다. 노예제, 농노제와 같은 신분제 사회는 지배계급과 피지배계급 간의 투쟁과 생산력의 발전에 따라 수명을 다하고, 자유경쟁시장을 기초로 한 자본주의사회로 나아가지만, 자본주의사회는 생산수단을 소유한 자본가 계급과 무산자인 노동자 계급 사이의 본질적인 모순을 내포하고 있기 때문에 그 계급 간의 갈등은 사회주의 사회를 도래시킴으로써 종국적으로 해소되어야 한다는 것이다.

30 러시아의 산업적 발전이 미약했던 탓에 짜르를 무너뜨린 1917년 러시아 2월 혁명의 주력은 노동자가 아니라 농민이었지만, 노동자 정당은 이념적 조직적으로 잘 무장되어 있었고 1917년 10월 혁명을 통해 볼셰비키가 정치권력을 장악하게 되었다. 2월 혁명은 부르주아 혁명(시민혁명)이고 10월 혁명은 사회주의 혁명이라고 평가하는 것이 일반적이지만, 러시아에서 혁명은 단 1차례, 즉, 2월 시민혁명만 있었을 뿐이고, 10월 혁명은 별개의 혁명이 아니라 볼셰비키가 농민이 주력인 사회혁명당(SR)과 멘셰비키를 제압하고 정치권력을 장악한 일종의 쿠데타에 불과하다는 평가도 있다.

련[31]이 미국에 이은 세계 제2위의 경제대국이 된 시기는 1930년대 말이다. 스탈린 치하의 소련은 1928년부터 1932년까지의 경제개발 5개년 계획에 따른 공업화 정책을 추진하고 이어 1933년부터 1937년에 이르는 제2차 5개년 공업화 정책을 추진한 결과 세계 제2위의 경제대국으로까지 성장하였다.

스탈린의 소련공산당은 국가계획위원회를 설치(1929년)하여 공업화에 대한 구체적인 계획을 수립하였고, 1928년부터 1932년까지의 첫 5개년 계획 기간 동안 거대한 농업 국가가 공업 강대국으로 재편되어 갔다. 이 기간 동안 집중된 분야는 중공업 발전에 필요한 지하자원의 생산량 증대였는데, 그 성장 속도는 역사상 유래가 없는 엄청난 것이었다. 철광석, 석탄, 선철의 생산량은 5년의 기간 동안 2배 내지 3배로 증가하였고, 각지에 각종의 공업지대가 들어섰다. 5개년 계획의 분야별 목표치들은 4년 만에 거의 달성되었으며 특히 중공업 분야는 1년 앞당겨 목표치를 넘어섰다.

첫 5개년 계획 기간 동안의 소련의 성장은 농업 부문의 희생 위에서 풍부한 지하자원을 토대로 한 석탄, 철강 산업에 대한 집중에 힘입은 것이었다.

두 번째 5개년계획은 1933년부터 1937년까지 진행되었는데, 앞선 5개년 계획의 성과를 바탕으로 공업은 더욱 빠르게 성장하였고, 독일과 일본의 전쟁 위협에 대비하여 군수산업에 대한 투자와 발전이 현저하였다.

31 볼세비키 혁명은 제1차 세계대전이 진행되던 1917년 10월에 일어났다. 그 후 내전을 거쳐 1922년 12월 30일 제1차 연방 소비에트 대회에서 러시아, 우크라이나, 벨로루시, 자캅카스 4개국이 소비에트 사회주의 공화국 연방을 결성하여 소련이 탄생하였다.

그리하여 1930년대 말 소련은 미국 다음의 경제 대국이 되었다. 외국과의 기술교류도 활발하게 진행되었고 자동차와 철도 등 운송부문도 비약적으로 발전하였다.

두 번째 5개년 계획 기간 중에는 트랙터와 콤바인의 보급 등 기계화의 진행에 따른 생산성의 증가가 이루어지면서 농민들의 생활이 다소 개선되었다. 5개년 계획기간 첫 해인 1933년과 종료 다음해인 1938년을 비교해 보면, 집단농장의 총수입은 약 2.5배 늘어났고 집단농장원 가정의 평균 곡물 지급량도 약 2배 증가하였다.

첫 5개년계획의 경제성장은 농민의 희생과 노동자들의 가혹한 중노동 속에서 암울하게 진행되었지만, 두 번째 5개년계획 때는 다소 나아진 양상을 보였다. 첫 5개년 계획은 인권의 면에서 극히 부정적이었지만 경제의 성장을 가져왔고 그로 인하여 경제생활의 지표는 뚜렷하게 개선되었다. 두 번째 5개년계획의 마지막 해인 1937년경에는 연간 고용자 수가 거의 800만 명에 달하여 짜르 시대나 신경제정책 시기 동안 심각하였던 실업의 문제가 거의 해소되었고 도시 인구는 폭발적으로 증가하였다. 대량 고용이 가능하게 된 이면에는 농업 강제 집단화와 실질임금 삭감에 의한 노동력 동원이라는 부정적인 배경이 자리 잡고 있었지만, 그럼에도 불구하고, 교육, 문화, 의료, 사회보장 부분의 뚜렷한 개선이 동반되었기 때문에 국민들의 삶의 질은 전반적으로 향상되었음은 부인할 수 없다. 또한, 첫 5개년계획 기간 중의 경제 성장은 단순 노동력의 대량 투하에 의한 것인데 비해, 두 번째 5개년계획 기간 중의 경제 성장은 노동력의 질적 향상, 즉, 교육과 숙련을 통한 생산성의 향상에 힘입은 바 컸다.

교육은 노동자의 숙련도 향상이 주목적이었지만 수만 개의 학교 등 교육시설이 설치되어 무상교육이 체계적으로 진행되어 문맹율이 현저히 개선되었다. 1933년의 경우 15만 개 이상의 학교에서 거의 1000만 명에 달하는 학생들이 무상으로 교육 받았다. 영화관, 도서관, 노동자회관 등이 각지에 신설되어 문화생활의 발전도 현저하였다. 농업 부문이 일방적으로 희생당하던 첫 5개년 계획 시기와는 달리 두 번째 5개년 계획 시기에는 공업과 농업이 유기적으로 결합하는 양상을 보여 농업의 기계화가 빠르게 진전되었고 신설된 영화관의 절반가량이 농촌에 설치되는 예가 보여주는 바와 같이 농업 부문 종사자들의 삶의 질도 점차 개선되었다.

세계 어느 국가보다 이른 시기에 남녀평등이 실현되어, 교육이나 고용 등에서 제도적으로 남녀평등이 보장되고 세계 최초로 출산 전 건강검진을 받는 등 소비에트 러시아의 여성은 다른 어느 국가보다 사회적 지위가 높았다. 감염병에 대한 면역 프로그램 등 건강의료 부문도 발전하였고 의료보장제도의 혜택을 받아 국민들의 기대수명과 평균수명이 뚜렷이 개선되었다.

10월 혁명으로부터 냉전 이전의 시기까지 코뮤니즘은 소련에서의 성공을 기반으로 하여 영토상으로나 세계사적으로나 확고한 지위를 부여받았다. 코뮤니즘의 성공이 단순히 선전, 선동, 비밀경찰을 비롯한 물리적 통제만으로 유지되었던 것은 아니다. 경제성장을 물질적 기반으로 한 삶의 질의 개선과 각종 사회보장 그리고 남녀평등과 같은 진보적 측면이 어느 정도라도 동반되었기 때문에 가능하였음은 부인할 수 없다.

생산수단이 사회화된 소련에서 경제성장을 이루고 생활수준이 개선되었으므로 공산주의는 진보적 이데올로기인가?

4. 소련이 경제성장을 이룰 수 있었던 실질적 동력

앞서 본 바와 같이 스탈린 치하의 소련이 2차례의 5개년 공업화 정책을 추진하여 1930년대 중후반경 세계 제2위의 경제대국으로까지 성장하였다.

그 이전의 소련은 경제적, 정치적으로, 그리고 대내외적으로 매우 위태로운 과정을 지나왔다. 1922년까지는 내전 상태였고 소위 전시공산주의 체제하에 있었다.[32] 국가적 위기상황은 민주주의에 대한 예외를 인민들에게 강요하였고 인민들이 이를 용인한 것이었기 때문에 전시공산주의 체제를 지나왔다는 것은 그 사이 인민들이 권력에게 너무 많은 것을 양도하여 위기 종식 후에도 이를 쉬 되돌려 받을 수 없는 지경에 이르게 되었음을 뜻한다. 1917년 12월에 창설된 체카[33]는 훗날 악명 높은 KGB의 전신이 되었고, 소비에트공화국은 그 국가 명칭에도 불구하고 더 이상 인민공화국이 아니라 경쟁적 정치세력이 없는 1당 지배의 국가로 되었다.

전시공산주의 체제하에서 농민의 토지 몰수 등 강도 높게 진행된 생산수단의 사회화 정책은 혁명의 중요한 지지세력이던 농민층의 이반을 가져왔을 뿐만 아니라 생산성을 크게 약화시켜 경제적 위기를 초래하였으므로 1921년 3월 전시공산주의 종료와 함께 신경제정책이 단행되었다. 신경제

---

32 볼셰비키의 지배에 대하여 저항하는 제정 러시아 잔여 세력과 구 군부 및 자본가 등이 유럽 각국과 미국 등 외세의 지원을 받아 내전이 진행되었다. 한때 소비에트 정부는 페트로그라드 등 러시아 중심부만을 통제할 수 있는 정도로까지 위기에 처한 적도 있었으나, 레닌의 공산당은 혁명의 과정과 내전과정을 통하여 규율과 실천적 경험으로 무장한 강고한 조직을 유지하였고 러시아 민중의 다수의 지지를 받아 결국 내전에서 승리하였다.

33 1917년 레닌의 볼셰비키가 창설한 체카는 사상 최초의 검경(檢警) 복합체였다. 정보, 치안, 수사, 기소, 사법통제 등 포괄적 권한을 가진 막강한 조직이었고 군사 감찰업무도 수행하였다.

정책은 제한적으로나마 자본주의적 요소인 소규모 사기업의 운영이 허용되고 시장경제가 도입된 것으로, 농민들의 잉여 수확물이 징발되어 도시의 노동자들을 먹여 살리는 데 사용되는 대신 농민들의 농지 사적소유와 경작물의 공개 시장 판매가 허용되었다.[34] 인민들에 대한 공평하고도 충분한 재화의 분배를 달성하려면 경제성장이 필수적인 것이므로 신경제정책은 자본주의적 발전이 일천한 러시아로서는 사회주의 이념에 부합한 정책이었음에도 불구하고, 소비에트 정권은 신경제정책을 정치적 후퇴로 받아들였다. [니콜라이 부하린(Nikolai Bukharin, 1888~1938)[35]과 같은 네프 지지자는 소수에 그쳤다.]

그들은 신경제정책을 소비에트 정권 강화를 위해 부득이 일시적으로 채택한 경제회복수단 정도로 평가하였고, 사회주의 발전의 지표를 오로지 생산수단의 사회화의 수준에서 찾았다. 1924년 레닌(Vladimir Lenin, 1870~1924)이 사망한 후 1927년 말까지 정적 레프 트로츠키(Lev Trotsky, 1879~1940)를 축출하고 정권을 장악한 이오시프 스탈린(Ioseb Stalin, 1879~1953)은 유럽 각국 및 미국 등 자본주의 국가들의 포위를 돌파하려면 단기간에 공업 부분을 급성장시켜 50년 내지 100년 앞선 그들을 10년 내에 따라 잡아야 한다고 주장하며 공업화 정책을 강행하여 급진적 사회화로 선회하였다.[36]

---

34 이 시기에 새롭게 번성한 소기업인들과 관리자들을 가리켜 네프맨(NEP men)이라 불렀다. 그러나, 중공업, 금융, 운송, 무역 분야 등 주요 산업들은 그대로 국유화 상태였고, 많은 도시 노동자들이 이러한 산업에 고용되었다. 신경제정책을 통하여 농업 부문은 다시 어느 정도 생산성을 회복하게 되었으나 대신 공업 분야의 성장에 비해 크게 더디게 되었다.

35 니콜라이 부하린은 프라우다(공산당 기관지)의 초대 편집장이었고 공산주의 인터내셔널 사무총장을 역임했다. 레닌과 함께 러시아 10월 혁명을 이끌었으나, 스탈린 체제하에서 1937년 1월 반혁명 혐의로 체포되어 이듬해 처형되었다.

36 1920년대 고조되었던 유럽의 혁명적 정세는 점점 약화되어 갔고 사회주의 파도가 유럽 대륙으로

농장의 사적 소유가 폐지되고 집단화되어 수백만 명의 부유한 농민들이 몰락하고 농촌은 도시의 공업 성장을 위한 식량조달처로 전락하였으며 1931년경까지 모든 산업 부분에 대한 국가 통제가 재확립됨으로써 신경제정책은 완전한 종말을 고하였다.

첫 5개년 계획 기간 동안의 소련의 성장은 농업 부문의 희생 위에서 풍부한 지하자원을 토대로 한 석탄, 철강 산업에 대한 집중에 힘입은 것이었다.

거대 농업국이던 러시아는 공업국 전환을 위해 농업 부문의 희생을 강제하였고, 그것은 1928년 11월 농업 강제집단화에서 시작되었다. 농민들은 토지와 농기구에 대한 사적 소유를 박탈당하고 집단 농장에서 일하게 되었으며, 신경제경책 하에서 시장에 내다 팔던 생산물을 이제는 국가가 정한 헐값에 내놓게 되었다. 농민들의 생산물은 징발되어 공업부분 성장과 함께 늘어나는 도시 노동자 가족들의 부양을 위해 사용되었고 곡물 수출을 통해 획득한 외화는 중공업에 필요한 설비와 기술 도입에 사용되었다.

두 번째 5개년 계획 중반에 이를 즈음인 1936년경에는 90% 이상의 농업이 집단화되었다. 부농 집단인 쿨락의 반란은 이 같은 농업 부문의 희생에 대한 농민들의 저항을 상징하는 사건이다. 농업 집단화는 이에 저항하는 농민들에 대한 처형과 강제노동수용소 수용을 통해 강행되었으며, 농업생산성의 심각한 저하를 초래하였다. 농업생산량의 감소는 우크라이나를 비롯한 전국적인 기근을 초래하여 수백만 명이 아사하기도 하였다.

번져나가리라는 희망은 점차 사라져갔으며 러시아는 유일한 사회주의 국가로 홀로 서야하는 상황이 된 것은 스탈린의 일국사회주의 이론에 힘을 실어주었다.

(지금의 발트 3국 지역에서는 1948년부터 약 4년간에 걸쳐 농업 집단화가 이루어졌는데 처형, 추방, 테러 등 무자비한 강제가 이루어졌고 집단화 이후 농업 생산량의 현저한 감소가 나타났다.) 첫 5개년 계획기간 동안 농업집단화는 당초의 선전과는 달리 농민들에게는 거의 재앙에 가까운 경과를 보였다.

5개년 계획을 통한 경제 성장을 이룬 기초는 비옥하고도 광활한 농지와 막대한 지하자원의 존재였다. 증가하는 근로자들을 먹여 살리는데 충분할 정도로 비옥하고도 광활한 농지가 존재하였고 공업성장의 기초가 되는 막대한 지하자원이 부존되어 있었기 때문에 가능한 일이었다. 그러한 자연적 기초 위에서 비약적인 경제성장을 이룰 수 있었던 실질적인 2개의 축은 '농업부문의 희생'과 '공업부문의 가혹한 중노동'이었다. 매우 부실하고도 위험한 작업시설에서 광부들은 석탄과 철광석 할당량을 채굴하기 위해 하루 16시간 노동은 보통이고 그보다 더 길게 일하는 것도 다반사였으며 수많은 노동자들이 재해로 사망하였다. 공업 지대 건설을 위해 강제노동수용소 피감자들이 가혹한 노동에 투입되었다.

농업부문의 희생과 공업부문의 중노동 강제는 일부는 자발적으로, 일부는 선전선동의 방법으로 실행될 수 있었지만 그 저변에는 인민들에 대한 국가 권력의 강력하고도 치명적인 통제가 깔려 있었기 때문에 가능한 것이었다. 스탈린 치하에서 소위 반혁명이라는 정치적인 이유로 처형, 강제노동수용소 수용, 국외 추방을 당한 사람의 숫자는 최소한 300만 명 혹은 그보다 훨씬 많은 것으로 추정되고 있다.

위와 같이, 소련이 단기간에 경제성장을 이룬 것은 사실이지만, '생산수단의 사회화' 자체가 그 경제성장을 견인한 것은 아니었다. 생산성이 보다 높은 공업부문에 자원을 집중하기 위해 농업부문을 희생시키는 한편 공업

부문에서는 거의 한계에 가까울 정도로 노동 투하량을 극대화함으로써 그 성장을 이룰 수 있었다. 농민 혹은 농업노동자들의 희생과 공업부문의 가혹한 중노동이 고도 성장의 실질적 동력이었다. 상대적으로 생산성이 높은 산업부문에 대한 '선택과 집중'은 단기간에 고도의 경제성장을 이루는 데는 효과적인 수단이라는 사실이 확인된 것이지 '생산수단의 사회화'가 경제성장과 어떤 인과관계가 증명된 것은 아니다.

5. 생산수단의 사회화는 진보인가?

사적 소유의 폐지, 생산수단의 사회화를 통한 평등하고도 민주적인 사회의 건설이 코뮤니즘의 목표다. 생산수단의 사회화가 진보인가? 바꾸어 말하자면 코뮤니즘은 진보적인 이데올로기인가?

내부적으로 반혁명을 봉쇄하고 대외적으로 사회주의 조국 수호를 위해 불가피하다는 명분하에 소련은, 경제적으로는, 국가가 생산수단과 생산조직 및 분배를 장악하는 특수한 계획경제시스템을 채택하게 되었고, 정치적으로는, 전면적인 인권과 평등 대신에 오히려 개인 사회생활 전부에 대한 강력한 통제를 가하게 되었다.

마르크스주의 이념에 따른다면, '생산수단의 사회화'는 잉여노동을 소멸시키고 노동의 모든 산물을 노동을 투하한 노동자에게 귀속시키기 위한 수단이다. 생산수단의 사적소유 하에서, 무산자에게 잉여노동이 강제되는 한편 자본가는 생산수단을 소유하고 있다는 것만으로 잉여노동을 원천으로 한 이윤을 획득할 수 있게 하여 착취가 필연적이게 되므로 생산수단의 사회화만이 착취를 근절시킬 수 있는 유일하고도 근본적인 방법이 된다는 것이다.

그런데, 소련에서 현실화된 생산수단의 사회화는 국가가 생산수단을 장악하여 농업 노동자들의 노동을 약탈하고, 공업 부분에서 장시간 노동을 강제한 끝에 극대화된 잉여노동의 산물이 노동자들에게 귀속되는 것이 아니라 그 산물에 대한 처분권을 국가가 전유하는 것이 되었다.

생산수단의 사회화는 생산수단의 사적소유 금지 자체가 목적이 아니라 생산물의 정당한 귀속을 위한 수단으로 제시된 것임에도 불구하고 생산수단의 사적소유를 폐지한 결과물에 대한 처분권은 오로지 정치권력을 장악한 권력집단에게 귀속하는 것이 되었다.

물론, 생산수단의 국유화를 시행하여 생산된 구체적 생산물을 각 구체적 노동을 행한 각 노동자들에게 귀속시켜야만 사회주의 이념에 부합하는 것은 아니다. 국가적 총생산물을 적절히 배분하는 것에 의해서도 그 이념이 달성될 수 있다. 문제는, 총생산물에 대한 처분권이 누구에게 귀속하고 그 배분 방법이 어떤 과정과 내용으로 정해질 수 있는가에 있다. 총생산물의 배분에 대한 결정이 인민의 의사에 의해 정해지고, 처분권을 행사할 자들을 인민들이 선출할 수 있다면 그 생산수단의 사회화는 정당화될 수 있다. 그러므로 생산수단의 사회화를 통한 민주주의 달성을 표방하는 코뮤니즘 이데올로기가 진보적인 이데올로기인지 여부는 생산수단을 사회화하여 생산을 조직하고 분배를 시행하는 코뮤니즘 국가권력이 여하히 형성되고 여하히 작동되는 통치권력인가에 달려 있다.

그런데, 소련 정치권력은 국민의 총의로 선출되지 않을 뿐만 아니라 국민들로 하여금 일체의 정치적 이의제기를 허용하지 않는 특정집단의 지배였다. 그 정치권력은 그들의 집단적 이익을 위한 정치적 결정을 할 뿐이고 생산수단의 사회화의 원래의 목적을 추구할 어떠한 동력도 내포하고 있지 않았다. 본래 잉여노동의 산물을 노동자에게 귀속시키기 위한 불가피하고도 유일한 수단이라는 이유로 행하여진 생산수단의 사회화는 소련에서는 그 달성하고자 하는 목적과는 괴리되어 독특한 형태의 정치경제체제로 성립되었다. 생산수단의 국유화와 특정 집단에 의한 통치가 결합된 특수한 사회체제가 탄생한 것이다.

특정 집단(혹은 정당)이 통치권력을 장악하는 예는 역사상 때때로 존재하였다. 그런데, 그 권력집단이 국유화를 통해 생산수단까지 완전하게 장악한 예는 역사상 존재한 적이 없었다. 생산은 정치권력에 의해 조직되고, 총생산물의 처분권은 소련의 권력집단에게 전유적으로 귀속하였으며, 그 권력집단에 대한 어떤 정치적 도전도 허용되지 않았고, 총생산물에 대한 처분권의 행사에 관하여 인민들의 어떠한 관여도 배제되었다. 통치권력이 생산수단까지 장악한 역사상 가장 완벽한 형태의 전체주의 권력이 탄생한 것이다.

1차5개년 계획 기간 중에 노동자들은 하루 16~18시간을 일해야 했고 수용소에서 강제노동이 행하여졌으며 그 대가는 최소한의 생계유지였다. 정치권력에 대한 어떠한 저항도 허용되지 않았고, 자유 평등 인권은 유보되었으며 국민주권과 인권의 전제 조건들인 언론, 사상, 결사의 자유는 코뮤니즘을 위한 선전과 선동으로 대체되었다. 스탈린 시대에 250만 명이 넘는 사람들이 반혁명죄로 체포 수감되어 적어도 60만 명이 처형되었다. 인신의 체포 감금에서 지켜져야 할 적법절차나 재판은 아예 없거나 유명무실하였다. 그러한 가장 극단적인 전체주의적 일당 지배는 사회주의 조국의 방어를 위해 불가피한 조치라는 명분으로 시작되었지만 전혀 잠정적이지 않았고 소비에트 연방이 1991년 붕괴될 때까지 그대로 유지되었다.[37]

생산수단의 사회화라는 수단을 통하여 달성하고자 하는 목표는 잉여노동의 강제에 의한 착취를 종식시키고 노동이 창출한 가치를 고스란히 노동자가 지불받는 사회체제를 만들자는 것이다. 생산수단을 국유화한 것만으로는 종전 수혜자들로부터 잉여를 박탈하는 것에 그치는 것이고, 그것만으로는 노동이 창출한 가치가 생산자들에게 자동으로 귀속되는 결과를 만들지는 못한다. 생산된 가치를 생산자들에게 귀속시키기 위해서는 생산과 분배에 관한 실질적 권한이 국민에게 주어져야 한다. 생산수단을 사회화한 후 그 생산을 조직할 권한과 생산물을 분배할 권한이 국민에게 주어지지 않고 특정 지배권력에게 주어진다면 수탈자 지위가 자본가계급에서 특정 권력집단으로 교체되는 것에 불과하다.

사회화 또는 국유화된 생산수단을 가지고 생산을 조직할 권한과 분배를 실행할 권한이 국민에게 주어진다는 것은, 첫째, 국민이 통치권력을 선출하고 변경할 권한을 가져야 하고, 둘째, 통치에 관한 의사결정이 국민의 의사에 기반하여 이루어져야 함을 뜻한다. 통치권력을 국민이 선출하고 교체할 수 있으려면, 적어도, 국민들에게 선거권과 피선거권이 보장되어야

37 제2차 세계대전의 승리로 동구권을 포함하여 광대한 영토를 장악하고 소련이 제2의 경제강국으로 성장하여 휴머니즘으로서의 사회주의를 실현할 충분한 물적 기초를 구비하였음에도 불구하고 자유, 평등, 인권을 보장하기 위한 개혁은 계속 유보된 채 서방세계와의 기나긴 냉전의 대결만이 진행되었다. 권력을 지탱한 2개의 축은 경제성장과 통제였다. 소련을 지탱한 2개의 축 중 하나였던 경제성장은 1970년 초 이후로 점차 둔화되기 시작했고, '회색의 시대'라고도 부르는 브레즈네프 시대에는 서구 자본주의 발전을 따라잡지 못하는 침체기에 접어들게 되었다. 생산수단의 사회화를 대신한 특수한 경제체제는 성장의 한계를 드러내기 시작하였고, 고르바초프 시대에 이르러 권력의 균열을 거쳐 연방은 해체되고 말았다.

하고, 정치적 입장을 달리하는 복수의 정당이 국민 앞에 경쟁할 수 있어야 하므로 복수정당제와 정당활동의 자유가 보장되어야 한다. 통치에 관한 의사결정이 국민의 의사에 기초하는 것이 되려면, 사상, 언론, 집회, 결사의 자유가 보장되어야 한다. 그리고 모든 자유는 인신의 안전을 기초로 행사될 수 있으므로 체포 구금에 관하여 적법절차가 준수되어야 하고 재판을 받을 권리가 보장되어야 한다.[38] 이들 중 어느 하나의 요소라도 실질적으로 보장되지 않는 국가체제는 전체주의일 뿐이다.

스탈린에 의해 확립되어 그 후 다른 공산국가체제의 전형이 된 소련은 정치권력을 장악한 지배집단이 생산과 분배를 장악한 반면 국민주권주의에 기반한 위 요소들을 단 하나도 갖추지 못하였다. 따라서 소련의 정치체제는 본질적으로 전체주의임이 분명하고 진보와는 무관한 정치체제라고 단정할 수 있다.[39] 스탈린에 이르러 확립된 소련의 권력구조를 보면, 행정기관(각료)의 수장이나 입법기관(최고회의)의 수장이 국가 최고권력을 가지는 것이 아니라 공산당 서기장, 즉, 당의 대표자에게 최고권력이 부여된다.

---

38 우리나라 헌법조문을 예로 본다면, 국민주권주의(제1조 대한민국이 주권은 국민에게 있고, 모든 권력은 국민으로부터 나온다.), 국군과 공무원의 정치적 중립성(제5조, 제7조), 정당설립의 자유와 복수정당제(제8조), 인신의 자유와 체포구속의 적법절차(제12조), 언론출판결사의 자유(제21조), 선거권과 공무담임권(제24조, 제25조), 청원권과 재판에 관한 권리(제26조, 제27조), 국가 권력의 분립과 견제(제3장 국회, 제4장 정부, 제5장 법원, 제6장 헌법재판소) 등은 국가권력이 국민을 위한, 국민에 의한, 국민의 권력이 되기 위해 필수불가결한 요소들이다.

39 소련의 시스템에 대하여 '국가자본주의적 전체주의'라고 부르는 견해가 있다. 경제적으로는, 개개 자본가의 지위를 국가가 대신하게 되었으므로 국가자본주의라고 부를 수 있고, 정치적으로는, 공산당이라는 특정 집단이 정치권력을 장악하여 국민의 기본권을 유보하는 절대적인 권력을 행사한다는 점에서 전체주의에 해당하므로 결국 '국가자본주의적 전체주의'로 규정할 수 있다는 것이다. 그러나 전체주의라고 평가하는 것은 타당하지만 국가자본주의라는 평가는 타당하지 않다. 자본주의의 본질은 다수의 자본이 시장에서 각기 이윤을 추구하는 경쟁하는 것을 본질로 하는 것이므로 자본이 국가에 전속되어 시장에서의 경쟁이 소멸하고 계획 경제가 대신하게 되는 체제는 자본주의일 수 없다.

공산당이라는 특정 집단이 정치권력을 지배하는 형태이다. 전체주의란 민족이나 국가와 같은 전체의 존립을 위한다는 명분하에 개인의 자유와 권리를 억압하고 권력집단과 그 지도자의 권위를 절대화하는 이데올로기를 말한다. 스탈린의 소련은 이 전체주의 개념에 정확히 부합한다.

스탈린이 확립한 소련의 정치경제시스템은 경제적으로는 생산수단의 사회화와 계획경제, 정치적으로는 공산당과 그 지도자에 의한 전체주의로서 역사상 유래가 없는 시스템으로 이를 '스탈린주의'라고 부르기도 한다. 이러한 소련의 통치시스템은 2차대전 후 성립된 여러 사회주의 국가에서 채택되었다. 조선민주주의인민공화국(북한)도 그 중 하나로 거론된다.[40]

생산수단의 사회화가 진보인가? 그것이 진보적 성격을 가진다는 근거는 논리적으로도, 역사적으로도 증명된 바 없다.

---

40 북한은 여러 계파의 권력투쟁이 한국전쟁 후 종식되어 김일성의 강고한 통치권력이 확립되었다. 소련의 경제개발계획에 의한 공업화 전략과 농업에서의 협동농장 도입 및 기계화 방식이 북한에서도 거의 유사하게 추진되었다. 1946년 3월 5일 무상몰수 무상분배에 의한 토지개혁이 실시되었으며, 1954년부터 농업협동조합이 조직되기 시작하여 100만호의 농가가 약 3800개의 협동조합에 편입되었다. 경제개발계획은 1947년 처음 실시되어 전쟁으로 인한 중단을 거쳐 전후 복구 3개년 계획, 그에 이은 5개년 계획(1957년부터 1961년) 등이 순차 진행되었는데, 5개년 계획을 2년 반 만에 조기 달성하고 5개년 계획 기간 동안 공업 부문의 성장률이 연간 35%를 상회하는 등 성공적이었다. 그러나 농업부문은 1958년 이후 실시된 집단영농이 거의 성과를 거두지 못하였고 1964년 기계화 등 소위 농촌기술혁명이 추진되었으나 중공업 우선정책과 집단영농 방식의 한계 등으로 그 발전은 미미하였고 오늘에 이르기까지도 식량부족을 해결하지 못하고 있다. 1961년 이후로는 북한의 계획경제에 의한 경제성장이 점차 곤란을 겪게 되었다. 1961년 7월 쿠바 사태 이후 북한이 군사력 증강의 필요로 4대 군사노선을 채택하고 군사부문에 대한 투자를 증대한 것과 중소 분쟁에 따른 원조 격감으로 계획목표에 크게 미달하게 되었다. 그 이후 여러 시도에도 불구하고 경제성장은 정체를 면치 못하고 있다.

6. 사회적 책임제 민주주의 실현의 장애물: 전체주의

경제는 정치와 분리될 수 없다. 인간의 존엄과 평등에 기반하여 경제성장과 분배의 정의를 이룰 수 있는 이념이 사회적 책임제 민주주의다. 그런 의미에서 정치경제학의 과제는 단순히 정부의 분야별 경제정책에 관한 것에 그칠 수 없고 이데올로기적 방어를 필요로 한다. 전체주의는 사회적 책임제 민주주의 이념에 정면으로 대립되는 이념이다.

약 100년 전(1920년대) 베니토 무솔리니(Benito Mussolini, 1883~1945)는 '토탈리타리오(totalitario)'라는 용어를 처음 사용하였다. 그는 "국가 안에 모두가 있고, 국가 밖에는 아무도 존재하지 않으며, 국가에 반대하는 그 누구도 존재하지 않는 것"이라 주장하였다. 전체주의에서는 국가를 위해 개인의 자유를 억압하는 것이 당연시 된다. '국가의 이익'을 위해 개인의 권리가 억압되고 개인의 생활은 통제된다. 대중의 이익을 침해하여 지배층의 이익을 추구하는 것을 '국가의 이익'으로 포장하며, 그러한 목표 달성에 부합되는 것은 '사회적 선(善)'이고, 그 목표 달성에 방해가 되는 것은 그것이 무엇이든 '사회악'이며 절멸시켜도 좋은 것이 된다. 그 절멸시켜도 좋은 대상에는 무고한 시민도 당연히 포함된다. 그 전형은 아돌프 히틀러(Adolf Hitler, 1934~1945) 통치하의 나치 독일(1933~45)이다.

전체주의 국가는 예외 없이 '두개의 명분'을 내세운다. 전체주의자들은 그 두 개의 명분을 '국가의 이익'이라고 부른다. 전체주의 국가의 정치권력이 내세우는 '국가의 이익' 또는 '국가의 목표'는 항상 '산업화(경제성장)'와 '대외 투쟁(침략 또는 외침에 대한 방어)'이다. 나치 독일의 국가의 목표는 '공업화'와 '전쟁(제2차세계대전)'이었고, 산업화와 정복사업이라는 목표를 달성하는 데 모든 자원이 투여되고 모든 수단이 강구되며, 그로 인해 국민들이 입게 되는 희생은 고려되지 않는다. 목표를 달성하는 데 필요한 것은 무엇이든 지지되며, 목표 달성에 방해가 되는 것은 무엇이든 희생시켜도 좋은 것이 된다. 인간의 특성 중 하나인 야수적 본능은 나치 사회에서 전형적인 모습을 보여주었다.

이탈리아와 독일 파시즘 국가들과 스탈린주의 국가들은 경제시스템 측면에서는 상이하지만 정치권력의 성격 측면에서는 전체주의라는 공통점을 가진다. 그와 같은 공통점을 가지게 된 것이 결코 우연이 아니라는 것은 파시즘 이론의 유래에서도 확인된다. 파시즘의 이론적 선구자로 알려진 이탈리아 철학자 조반니 젠틸레(Giovanni Gentile, 1875~1944)는 사회주의자였다. 그가 파시즘의 이론을 제창한 이유 자체가 파시즘이 사회주의를 가장 잘 실행할 수 있는 방법이라고 생각하였던 때문이었다. 베니토 무솔리니는 젠틸레의 말을 자주 인용하였고, 젠텔레 역시 무솔리니를 일관되게 지지하였다.

이탈리아와 독일의 파시즘과 소련의 스탈린주의는 본질적으로 개인과 전체의 관계에서 전체를 우선시하는 이데올로기다. 이에 비해 휴머니즘에 기반한 민주주의는 인간 개인의 존엄과 평등을 최고의 가치로 받아들이고 사회(전체)는 그 가치를 실현하기 위한 조직으로 이해한다. 전체주의와 민주주의는 완전히 상반된 가치관 위에 서 있다. 그런 의미에서 파시즘과 스탈린주의는 정치적으로 동일한 속성을 가지며 모두 민주주의에 대해 적대적인 이념이다. 스탈린주의와 전통적 파시즘과의 차이는 '국익'의 내용이 '인민의 이익' 또는 '노동자와 농민의 이익'으로 설명된다는 것 외에는 거의 없다. 프롤레타리아 독재란 노동자와 농민의 이익을 위한다는 명분으로 기본권을 제한하겠다는 선언이다. 전통적 파시즘의 '국가의 이익'이나 스탈린주의의 '인민의 이익'은 실제로는 권력집단의 이익임에도 불구하고 이를 국가의 이익이라고 주장된다.

정치학자들마다 파시즘의 정의에 대해 다양한 주장을 하고 있으나, 파시즘은 매우 간단히 정의될 수 있다. '권력집단이 국익을 내세워 국민의 기본권을 제한하는 통치체제'다. 국익을 주장하며 기본권을 제한하려는 자들은 예외 없이 파시스트다. 이는 과거에도 그러하였고 앞으로도 그러할 것이다. '국가의 이익'과 '기본권 제한'은 서로 모순하기 때문에 국가의 이익을 위해 기본권을 제한한다는 것 자체가 논리적 모순이다. 국가 비상사태, 국가적 위기 따위를 주장하며 계엄령을 선포하고 군대를 동원하여 국민들의 기본권을 제한하려는 자는 어떤 변명에도 불구하고 파시스트다.

자본주의 제3단계의 후반부에는 유럽 각국과 북미에서 '복지국가'를 지향하는 것이 대세적 흐름이었지만, 유럽에서 복지국가를 일관되게 지향했던 것은 아니고 그 반대방향의 시도 또한 일어났다. 가장 주목하여야 하는 시도는 소위 '신자유주의'라는 이름으로 위장한 파시스트들의 책동이다.

영국의 예를 보자. 1970년 6월의 총선에서 집권한 히스(Edward Heath, 1916~2005) 보수당 정부는 집권 두 달 반에 노동조합의 권리를 제한하기 위한 노사관계법을 제정하였다. 히스는 1973년 제1차 석유파동 이후 광부노조의 파업을 빌미로 비상사태를 선포하며 보수의 부활을 시도하였지만 이듬해 총선에서 노동당에게 패하여 노사관계법은 폐지되었다. 히스 보수당의 우경화 시도는 실패하였지만 마가릿 대처(Margaret Thatcher, 1925~2013)의 보수당은 이를 재시도하여 대대적 성공을 거두었다. 1979년 총선에서 집권한 대처 보수당 정권은 부자 감세를 추진하고, 교육, 의료,

실업 등에 대한 복지를 축소하고, 독과점등 부당한 경쟁에 관한 제약과 규제를 철폐하고, 수익성 높고 독점적인 국영기업들을 민영화하고, 소련에 대항한다는 명목으로 국방비 지출을 증액하고, 저소득층에 대한 지원을 약화시키는 대신 집회시위에 투입할 경찰 병력 증강을 위한 예산을 증가시키고, 히스 보수당이 제정하였던 노사관계법을 부활시키고, 가장 강력한 노동세력인 광부노조를 타격하여 노동운동을 침체시켰다. 노사관계법 내용 중에는 소위 불법파업인 경우에 노조측이 손해를 배상하여야 하는 내용이 있는데, 1984년 봄부터 이듬해 봄까지 1년간의 광부노조의 파업에 대한 대처 보수당 정권의 강력한 타격으로 파업은 실패로 돌아갔고 광부노조와 조합간부들은 거액의 벌금과 재산압류로 재기불능에 가까운 타격을 입었으며 이후 노동운동은 침체일로를 걸었다.[41]

세계경제가 호경기였을 때 추진되었던 복지국가 이념은 1973년 10월의 제1차 석유파동을 거치며 세계적 공황이 발생하자 자칭 보수로부터 십자포화의 공격을 받게 되었다. 복지국가 이념의 경제적 기초를 제공한 케인즈 경제학은 퇴조하고, 프리드먼(Milton Friedman, 1912~2006)의 통화주의를 경제적 기초로 하여 '부자들을 위한, 부자들에 의한, 부자들의 정치'를 내세우는 신자유주의가 유행하기 시작하였다.

최근 세계경제의 불안정, 신자유주의의 대두, 미국의 우경화 경향 등은 각국의 파시스트들을 고무시키고 있다.

우리나라 전체주의의 역사는 일제 강점기에서부터 이승만 정권, 박정희

41 우리나라에서 뉴라이트가 공공연히 세력을 형성하고 최근에 노란봉투법 이슈가 제기된 상황을 보면 대처 보수당 시대의 영국과 흡사한 면이 있다.

정권, 신군부의 통치에 이르기까지 간단없이 이어져 왔다.

전체주의 지배 하에서는 일정한 종족이나 집단을 희생 대상으로 삼아 대규모의 조직화된 폭력이 허용될 뿐만 아니라 때로는 국가가 이를 적극 조장하게 된다.[42] 국가폭력의 대상은 사회적 약자, 민주 인사, 민중운동 등이었다.[43]

'산업화'와 '대외 투쟁'이라는 전체주의 특유의 목표는 우리나라에서는 '경제성장'과 '반공'으로 표방되었다. 무고한 시민을 간첩으로 처형시켜도 국가의 이익을 위한 유익한 조치라고 정당화되었다. 광주 시민에게 총탄을 퍼붓거나 운동권 학생을 잡아 가두고, 고문하고, 심지어는 고문 끝에 사망한 대학생을 암매장하여도 그것은 국가에 이로운 행위이거나 불가피한 희생으로 간주되었다. 검찰 공안부, 경찰 정보과, 보안사, 안기부는 국가적 목표에 따라 무고한 자를 체포하여 고문할 수 있었고 심지어 죽음에 이르게 하더라도 국익을 위한 불가피한 작은 희생으로 인정받았다. 박종철 고문치사 사건으로 촉발된 1987년 6월 항쟁 이후에도 그들은 멈출 생각이 없었다. 1988년 5월에 서울대 국제경제학과 82학번 안치웅(安致雄, 1963~1988)군이 정보기관의 사찰 후 행방불명되었고 그 차가운 주검은 끝내 발견되지 않았다.

---

42 나치의 유럽 침공과 유대인 학살이 그 대표적인 것이다.

43 국가 폭력의 대상은 본래적으로는 전체주의에 대한 잠재적 반대세력이지만 이에 한정되지 않는다. 국가 폭력의 1차적 목표는 공포를 통한 심리적 억압이기 때문이다. 우리 사회의 파시스트들은 희생자들을 '빨갱이'라고 불렀다. 노동쟁의나 농민운동에 가담하면 빨갱이고, 존경받는 야당 정치인사도 빨갱이가 되며, 반정부시위에 가담한 학생도 빨갱이고, 제주도민(4.3사태)이나 광주시민(광주항쟁)도 빨갱이가 되었다. 그 희생자 중 코뮤니즘에 동의하는 사람은 아예 없거나 극소수였음은 과거사에 대한 국가적 진상조사에서 공식적으로 확인되었다.

그로부터 30~40년이나 지났기에 오늘의 대한민국에는 박종철과 안치웅을 살해한 세력들은 존재하지 않는 것처럼 보이지만, 소위 보수 정권이 등장할 때마다 전체주의의 악몽은 부활하고 있다. 극우 세력들은 여전히 우리 사회에서 막강한 정치세력으로 자리 잡고 있고 사회적 책임제 민주주의 실현의 최대의 장애물이 되고 있다.

전체주의는 그 선두에 선 주창자들의 힘만으로는 결코 달성될 수 없다. 전체주의는 수많은 대중적 동조자들의 지지와 협력을 필요로 한다. 전체주의 국가권력은 무솔리니와 히틀러에게 열광하는 수많은 대중적 동조자들에 의해 달성되었다.[44] 무솔리니의 추종자들, 히틀러의 추종자들을 거론하면 자연스럽게 떠오르는 장면이 박정희(朴正熙, 1917~1979)의 흑백사진과 태극기를 양손에 쥐고 시청 앞 광장에 모인 소위 아스팔트 태극기 부대의 집회다. 박정희의 권력은 그런 수많은 대중적 동조자들에 의해 거의 20년을 버티어왔고 그 동조자들과 그 후예들은 지금도 박정희를 외치고 있다. 6월 시민항쟁의 승리로 전두환(全斗煥, 1931~2021)의 신군부가 무너지고 민간정부가 들어서서 전체주의를 권좌에서 끌어내린 후에도 파시즘의 대중적 동조자들은 박근혜(朴槿惠, 1952~)를 옹립하고 윤석열(尹錫

---

44 무솔리니는 그를 추종하는 〈검은 셔츠단〉에 둘러싸여 대중집회에서 선동적 문구와 적의에 가득 찬 연설로 강력한 세력을 형성하였다. 1924년 부정선거를 통해 마침내 정권을 장악한 무솔리니는 그 권위주의 통치방식에도 불구하고 오히려 이탈리아 국민들의 열렬한 환영을 받았다. 파시스트 정당과 그 동조자들은 반대파들의 목소리를 억누르기에 충분한 정도의 폭력적 에너지를 가지고 있었다. 히틀러의 나치즘에 대한 대중적 동조자들의 파트너십은 이탈리아보다 훨씬 강고했다. 대중적 동조자들의 지지를 받은 대상은 우선적으로 히틀러 개인이었다. 히틀러는 위대한 독일을 세계 최강국으로 이끌어갈 지도자로 추앙되어 신격화되었고, 그에게 반대하는 것은 절대로 용납될 수 없는 반국가적 범죄였다. 심지어는 개개인의 일상생활, 내면의 사상, 나아가 감정까지도 나치당에 복속되어야 할 지경이었다. 히틀러는 독일 민족의 전능한 신으로 숭배되었고 총통의 뜻에 무조건적인 복종과 충성이 있을 뿐이었다.

悅,1960~)을 내세우고, 광화문과 시청 앞에서 박정희를 외치며 태극기를 흔들어대고 있다.

우리나라 파시스트들은 '애국'과 '반공'을 외친다. 전체주의의 징표인 '국가의 이익'과 '대외 투쟁'이다. 그들은 여전히 민중을 폭력적으로 지배하는 전체주의 국가를 원하고, 이들의 세력화는 사회적 책임제 민주주의에 대한 가장 큰 장애물로 작용한다.

[보론] 사회주의 국가들의 글로벌 시장경제 편입과 정치체제의 변형

스탈린 체제를 도입한 사회주의 국가들은[45] 냉전 이후 점차 개혁과 개방을 통해 글로벌 시장경제에 편입되었다.[46] 이러한 국가들에서 종래의 생산수단의 국공유와 계획경제 시스템의 대부분이 사적 소유에 의한 자본주의 시장경제 시스템으로 전환되었지만 기존의 권력집단이 시장경제 편입과정에서 주요 경제주체가 됨으로써 산업이 정치에서 분리되지 않는 정경융합의 형태를 가지는 양상을 보였다. 스탈린 체제의 경제성장의 한계를 극복하기 위해 불가피하게 자본주의 시장경제가 도입되었지만 그 자본주의 도입의 이익을 기존 정치집단이 그대로 수혜하면서 정치권력 집단의 힘은 약화되지 않았고 새로운 정치세력의 도전을 거의 받지 않아 전체주의 체제는 그대로 유지되는 것이 일반적이었다.

사회주의 국가의 글로벌 시장경제 편입은 소련에서 먼저 시작되어 적지 않은 시행착오와 사회적 갈등을 수반하는 지난한 과정으로 이루어졌다.

---

45 제2차 세계대전에서 연합군의 승리에는 미국과 소련의 지분이 가장 컸던 탓에 전후 세계는 미소 양국을 중심으로 재편되었다. 소위 대조국전쟁이라고 부르는 4년간의 독소 전쟁을 치르면서 거의 3000만 명에 달하는 국민들이 희생되고 공업과 농업 기반이 와해되는 궤멸적인 피해를 입은 소련에게 세계는 그 대가를 지불해야만 했다. 소련은 과거 러시아 제국 시절의 영토에서 크게 축소되었던 영역을 다시 모두 회복하였고, 동유럽 국가들을 위성국가로 편입시켰으며, 나아가, 중국, 북한, 베트남, 캄보디아 등 아시아에 스탈린주의 국가들을 탄생시켰다. 소련의 영향력은 미국의 지근거리까지 확대되어, 쿠바에 공산정권이 수립되었고, 중남미 국가들에서는 반미 세력이 유력한 정치세력으로 등장하게 되었다. 세계는 자본주의 진영과 공산주의 진영으로 나뉘어 소위 냉전에 돌입하게 되었다.

46 냉전은 무려 40년 이상 지속되었다. 냉전의 기간에 대해 의견들이 구구하지만, 다수의 견해로는 1947년 3월 12일 트루먼독트린부터 1991년 12월 26일 소비에트 연방의 해체까지를 냉전으로 본다. 냉전 종결의 세계사적 의의는 생산수단 사회화에 의한 계획경제가 생산력 발전의 한계를 명백히 드러내어 스탈린식 공산주의 국가체제의 존속 불가능성이 입증되고, 그럼으로써 스탈린주의 국가들의 변형이 시작되었다는 것이다.

이에 비해 중화인민공화국과 같이 소련의 뒤를 이은 다른 사회주의 국가들의 글로벌 시장경제 편입은 보다 안정적으로 이루어졌다. 그리고 소련은 공산당의 국가권력지배가 폐지된 반면 중화인민공화국 등 다른 여러 사회주의 국가들은 공산당의 지배가 그대로 유지되었다.

소련의 글로벌 시장경제 편입은 '공산당의 지배'와 '국유화 및 계획경제'의 해소 과정이 되었다.

공산당에 의한 국가 지배의 해소 과정은 고르바초프(Mikhail Gorbachev, 1931~2022) 시대인 1988년 다당제의 허용에서 그 단초가 마련되었다. 종래는 공산당의 대표인 서기장이 입법기관과 행정기관을 장악하여도 공산당이 사실상 유일한 정당이었으므로 아무런 문제가 없었으나 다당제가 허용되면서 정당 중의 하나인 공산당의 대표가 국가의 통치기관들을 모두 장악하는 것이 부적절하게 되었다. 그런 이유로 소련은 1990년 대통령중심제 형태의 개헌이 이루어졌다. 1991년 소련의 권력 균열로 인한 연방의 해체, 즉, 소비에트 연방 대통령인 고르바초프와 러시아공화국 대통령인 보리스 옐친(Boris Yeltsin, 1931~2007) 간의 대결로 연방이 해체되었고, 공산당은 국가권력의 지배력을 상실하여 갔다.

옐친은 1993년 의원내각제를 지지하는 세력들의 반발을 군대로 제압하고[47] 1993년 12월 이원집정부제 형태의 새로운 헌법을 채택하여 과거의 소련 정치체제는 폐지되었다. 경제개혁의 거듭된 실패와 권력 투쟁으로 인하여 옐친에 대한 국민적 지지는 점점 하락하게 되어 간신히 탄핵을 모면하

47 1993년 러시아 헌정위기. 대통령인 보리스 옐친과 러시아최고회의(의회)가 대결한 끝에 대통령이 군대를 동원하여 의사당을 공격한 친위쿠데타. '10월 사태'라고도 한다.

는 지경에 이르자 옐친은 그 후계자인 블라디미르 푸틴에게 권좌를 넘기게 되었다. 1917년 10월 혁명으로 수립된 코뮤니즘 국가 체제는 약 76년 후인 1993년 말 국영기업들과 전체주의를 유물로 남기고 해제된 것이다.

소련이 계획경제를 포기하고 자본주의 시장경제로 전환하는 시발점은 1980년대의 경제위기였다. 소련-아프가니스탄 전쟁으로 국방비가 폭증하고 석유가격 하락으로 재정위기가 도래한 가운데 체르넨코 사망으로 1985년 서기장에 취임한 미하일 고르바초프는 경제위기를 타개하기 위한 개혁(페레스트로이카)과 개방(글라스노스트)를 추진하여야 할 임무를 맡아 실행하게 되었다. 그러나 고르바초프가 권력을 장악한 이후부터 국민총생산과 생활수준은 꾸준하게 하향 곡선을 그렸다. 페레스트로이카 정책의 효과가 나타나야 할 1989년 시점의 소련 경제는 오히려 붕괴의 위기로 돌입하고 있었다. 국민총생산과 노동자들의 실질임금은 10% 이상 급락했고, 실업률은 10% 이상 증가하였다.[48] 1989년 7월 시베리아 광부들이 생필품의 공급을 요구하며 파업에 돌입하는 등 그 해 여름부터 파업이 전국적으로 휘몰아쳤다. 1989년 동유럽 국가들이 소련의 영향권에서 이탈하면서 사회주의 경제의 붕괴를 더 가속화시켰다. 지하경제가 발달하기 시작했고 루블화 개혁 등 지하경제를 국가가 통제하려는 시도는 실패하였다. 지하경제 세력은 공산당 고위간부 등 지배계층과 결탁하여 페레스트로이카를 거치면서 국가 경제를 장악하다시피하게 되었다. 부분적인 가격 자유화와 공화국간 산업연계의 마비로 파국에 직면한 소련 경제는 그 충격요법으로 경제자유화를 진행하였지만,

48 1990년대로 접어드는 시점에 생필품의 생산이 급격하게 감소하기 시작했고, 모스크바 시민들조차 닭고기나 달걀을 사기 위해 보통 3~4시간 동안 줄을 서야만 했다.

그것은 사회간접자본이 정부의 손에서 전부 민영기업으로 넘어가는 것이 되어 소수의 부유층과 다수의 빈민층을 양산하는 결과만 빚었다. 경쟁력이 없는 공장과 기업은 해외에 매각되거나 파산하였다. 가격 및 환율의 전면 자유화조치는 루블화를 휴지로 만들 정도의 재앙적인 결과를 만들어, 한때 러시아 일반 국민들의 구매력은 세계 최빈국 수준까지 하락하기도 하였다. 1992년의 러시아 실질GDP 성장률은 마이너스 14.5%, 1994년은 마이너스 12.7%에 달하였다.

러시아가 계획경제에서 자본주의 시장경제로 변화하는 과정의 수혜자는 올리가르히였다. 올리가르히는 소위 공산귀족들인 노멘클라투라[49]를 승계한 새로운 수혜자들이다. 노멘클라투라는 부와 권력을 가진 자들이었지만 불법을 통해 취한 이득이므로 언제든지 숙청될 수 있다는 취약점을 가지고 있었다. 이들에게 페레스트로이카 이후의 개혁과 개방은 새로운 기회가 되었다. 종래 사회주의 계획경제의 제약에 묶여 탈법적 방법으로만 운영할 수 있었던 제2경제를 이제 공공연히 운영할 수 있게 되었고 이를 운영할 자산과 노하우도 이미 축적되어 있었다. 특히 경제 자유화조치로 인한 국영기업들의 민영화는 이를 인수할 준비된 이들에게는 천문학적인 부를 안겨주는 계기가 되었다. 올리가르히 일부는 정치권 및 소련 마피아와 결탁하여 불법적인 영역에도 진출하였다. 1990년대 소련 국민들이 경제침체와 실질

49 노멘클라투라는 원래 '소련 공산당의 고급 간부'를 지칭하는 명칭이었으나 브레즈네프 시대부터 공산당 내의 지위를 이용하여 부정부패를 일삼는 자를 뜻하는 것이 되었다. 계획경제 하에서는 인위적인 계획생산의 특성상 필요한 모든 상품이 적정량으로 생산될 수 없어 수요에 비해 공급이 부족한 상품이 생기기 마련이고 사치품과 같은 일부 상품은 특히 그러하였다. 노멘클라투라들은 국가의 통제를 회피하여 제2경제 내지 지하경제를 따로 운영하는 방법으로 막대한 부를 축적하였다. 소위 공산귀족으로 비난받는 자들이다.

임금의 하락으로 극심한 고통을 받는 동안 올리가르히들은 호화생활의 극치를 달렸다. 이들은 민영화 정책의 순조로운 추진을 위해 옐친의 대통령 당선을 전폭적으로 지원하는 한편 자본주의로의 개혁에 반대하는 공산당 후보의 낙마를 노골적으로 기도하였다. 옐친에 이어 집권한 블라디미르 푸틴(Vladimir Putin, 1952~)은 경제력에 의존하지 않은 별도의 정치적 기반이 있었으므로 집권 첫 임기 동안 올리가르히에 대한 대대적 숙청을 단행했다. 국민들의 원망의 대상이었던 올리가르히에 대한 숙청과 석유 및 천연가스의 가격 반등에 따른 경제적 성과로 푸틴은 지지기반을 공고히 할 수 있었다. 푸틴의 집권 이후에도 살아남은 일부 올리가르히는 푸틴에 대한 복종을 전제로 세력을 유지하게 되었고, 새로운 권력층으로 푸틴 정권을 뒷받침하는 실세들인 실로비치가 등장하였다. 실로비치는 과거 KGB 등 정보기관, 군부, 군산복합체 등의 출신들로서 푸틴에 의해 국가기관의 요직을 차지하게 된 인물들이다. 푸틴은 경제상황의 호전에 힘입어 국민적 지지를 얻어 재집권에 성공한 이후 KGB 출신다운 방법으로 부정선거, 정적의 제거, 집회와 언론의 탄압 등을 통한 1인 장기집권체제를 유지해오고 있다. 이원집정부제는 푸틴이 대통령 연임 제한에도 불구하고 총리로 계속 집권을 연장할 수 있는 길을 열어준 것이 되었다. 푸틴 집권 이후 종래 민영화되었던 주요 기간산업들 중 상당수가 강압적으로 다시 국유화되었고 그 국영기업체들의 수장에 푸틴의 측근들이 임명되었다. 푸틴은 짜르에 비유될 정도로 절대적인 권력을 휘두르고 있다. 의회는 푸틴을 견제할만한 힘을 가지지 못할 뿐만 아니라 의석수에서도 푸틴측의 단합러시아당이 4분의 3 정도의 절대다수 의석을 차지하고 있다. 한편 주가노프가 이끄는 러시아 공산당은 대통령 선거 및 원내 의석수에서 10%를 조금 넘는 지지에 그치고 있다.

스탈린에 의해 구축된 소련의 정체성, 이른 바 스탈린식 국가 시스템은 다당제와 자본주의 시장경제의 편입으로 해체되었으나 권력집단에 의한 국민통제라는 전체주의는 그대로 유지되게 된 것이다.

소비에트 연방의 해체 이후 중화인민공화국을 비롯한 대부분의 사회주의 국가들은 점차 자본주의 경제에 편입되어 나갔고, 세계는 하나의 시장경제체제로 통합되어갔다. 동유럽 공산국가들 일부는 지배집단이 권력을 잃음과 동시에 코뮤니즘이 폐기되었다. 중화인민공화국이나 베트남과 같이 코뮤니즘 정당이 주도하여 대외 전쟁을 승리하고 토지개혁에 성공한 나라들은 공산당이 강력한 국민적 지지를 받고 있어서 코뮤니즘을 유지하면서 자본주의 시장경제로 편입되었다. 기존 권력집단이 시장경제 편입에 따른 추가적 이익의 주된 수혜자가 될 수 있었으므로 어떠한 신흥세력의 저항에도 직면하지 않았고, 소련과는 달리 공산당의 지배를 유지하면서도 지속 가능한 형태의 전체주의 국가로 전환하였다.

중화인민공화국에서 개혁과 개방이 시작된 때는 1978년 중국공산당 제11기 중앙위원회 제3차 전체회의로 본다.[50] 당시 국무원 부총리였던 덩샤오핑(鄧小平, 1904~1997)은 1981년 군사위원회 주석의 자리에 올랐고 소위 실용주의 노선[51]을 주도하였다. 덩샤오핑은 정치적 측면에서는 사회주의를 계속 추구하되 경제적 측면에서는 자본주의를 적극 도입하여야 한다고 주장하였다. 경제적 개혁과 개방에 불구하고 사회주의를 계속 추구

---

50 소련은 1980년대에 들어서면서 경제위기가 뚜렷해졌고 1985년 고르바초프가 서기장으로 등장하여 개혁과 개방에 나섰다. 중국의 개혁과 개방도 비슷한 시기에 시작되었다.

51 덩샤오핑은 소위 선부론(先富論)에 따라 개혁과 개방을 주창했다. 흑묘백묘(검은 고양이든 흰 고양이든 쥐만 잘 잡으면 된다.)라는 논리로 자본주의 도입의 정당성 혹은 필요성을 역설했다.

하여야 한다는 것은 전체주의적 지배권력에 대한 도전은 허용되지 않는다는 의미이고, 당시는 물론 현재까지 지속되는 정치노선이다. 1989년 4월 베이징 대학생들의 천안문 시위를 무력으로 진압하고 학생지도자들과 가담자들을 대거 처형시킨 것에서 지속가능한 형태의 전체주의 권력의 본질이 그대로 드러난다. 러시아에서 스탈린의 초상은 모두 철거되었지만 레닌의 초상은 그대로 내걸려 있고, 중국에서 문화혁명과 대약진운동의 실패에도 불구하고 마오쩌둥(毛澤東, 1893~1976)의 초상은 여전한 것은 스탈린주의 국가들이 냉전 이후 자본주의 시장 경제로의 편입에도 불구하고 전체주의 권력이 그대로 유지되며 오히려 지속 가능한 형태로 진화하였음을 보여준다.

스탈린체제 국가들이 냉전 종료 이후 그 체제가 붕괴되거나 시장경제 도입에 의한 개혁과 개방으로 체제변화에 성공한 반면, 북한(조선민주주의인민공화국)은 1920년대 스탈린이 확립한 계획경제와 전체주의적 국가시스템의 근간[52]을 그대로 유지하면서 글로벌 시장경제에 편입되지 않은 유일한 나라로 남게 되었다.

북한의 개혁 개방은 아직까지 제대로 시도조차 된 바 없다. 북한이 과거 시도한 대외경제조치들은 시장경제원리에 기반하는 것이 아니므로 개혁·개방 정책의 일종이라고는 볼 수 없다.[53]

52 1948년 9월 제정된 북한 헌법은 대체적으로 1936년 제정된 스탈린 헌법 원리에 입각하고 있다. 1946년 말까지 광산, 은행, 체신, 공장 등 주요 산업의 국유화와 지하자원, 산림, 수산 등의 국유화가 이루어졌고, 전후 1954년부터 1958년까지 농업, 수공업, 상공업의 협동화가 진행되어 생산수단의 사적 소유가 폐지되고 계획경제체제가 완성되었다.

53 제2차 및 제3차 7개년계획 기간 중의 서방 자본 및 기술의 도입이나 나진선봉 경제특구의 설정 등은 다른 사회주의 국가들의 개혁 개방과는 그 성질이 다르다.

종장
두 개의 신화

§§§

2022년 3월 대선에서 1% 미만의 역대 최소 표차로 윤석열 후보가 이재명(李在明, 1963~) 후보를 누르고 제20대 대통령에 당선되었다. 이 때 윤석열 후보가 얻은 표 중 강남3구 주민들의 표는 한 줌밖에 되지 않는다. 윤석열 후보가 얻은 약 1,640만 표 중 적어도 1,500만 표는 우리가 민중이라 부르는 사회적 약자들의 손에서 나왔다. 주목할 만한 점은 60세 이상의 노년층이 윤석열 후보에게 몰표를 던진 점이다. 20대 대통령 선거에서 60대 이상은 윤석열 67.1%, 이재명 30.8%(출구조사)로 윤석열 후보가 2배 이상 앞섰다.

이러한 현상은 우리 국민들 중 상당수, 특히 노년층의 다수가 믿고 있는 2개의 신화와 연관이 있다. 하나는 '독재정권은 유능하다'는 신화고, 또 하나는 '진보는 위험하다'는 신화다.

박정희 정권의 '경제개발 5개년 계획'에서 시작된 '독재정권은 유능하다'는 신화는 뒤이은 '전두환 신군부 집권기의 호황'으로 인하여 재검증된 것 같이 국민들 뇌리에 각인되었다.

5·16 군사 쿠데타로 집권에 성공한 박정희의 출발은 순조롭지 않았다. 그대로 가다가는 오래지 않아 '5·16 군사혁명'은 '5·16 내란'으로 호칭이 바뀌게 되고 쿠데타 세력들은 반란죄로 총살될 것이라는 공포감에 사로잡히게 되었다. 그 돌파구는 경제성장밖에 없었다. 공산당 활동 전력이 있는 박정희[54]는 짧았던 공산당 활동 중의 학습을 통해 소련이 강력한 국가

드라이브 공업화 정책을 실시하여 1920~1930년대 급격한 경제성장을 이룬 것을 파악할 수 있었던 것으로 보인다. 소련의 급성장은 계획경제, 생산수단의 국가 장악 및 노동력의 강제 가동 등 산업 전반에 대한 국가의 완전한 드라이브를 통해 가능하였다. 사회주의 국가가 아닌 한국에서 산업과 노동에 대한 국가의 완전한 드라이브는 불가능하였지만, 박정희는 2개의 무기로 그 약점을 보완할 해법을 찾아내었다. 그 하나는 전체주의였고, 다른 하나는 미일 경제 원조였다. 박정희는 군대, 경찰, 중앙정보부 등 강력한 무력으로 산업과 노동을 정권에 예속시켜 히틀러나 무솔리니의 체제에 뒤지지 않는 전체주의를 형성시켰다. 반란죄로 총살을 면할 수 있다면 어떤 행위도 마다할 수 없는 처지였던 박정희는 국민들의 격렬한 반대를 억압하고 '김종필-오히라 각서'를 통해 굴욕적인 한일청구권 협상을 하고 차관은 받아내었다. 냉전이 본격화된 국제 질서에서 소련과의 경쟁을 국가정책의 최우선 순위로 삼게 된 미국에게 박정희는 그의 군사정권이 반소, 반공의 최첨병이 될 것임을 호소하여 무상 경제원조와 차관을 받아내었다. 원조와 차관으로 공업부분에 투입될 자본을 확보하고 노동 탄압을 통해 저임금과 열악한 근로조건을 유지하는 방법으로 공업부문의 팽창을 도모하였다.

---

54 박정희는 국군 장교로 복무하면서 남로당 활동을 하다가 체포되어 사형(총살) 구형을 받고 무기징역을 선고받은 전력이 있다. 그런데, 박정희가 남로당에 입당한 것은 그의 친형 박상희(朴相熙, 1905~1946)의 죽음이 계기로 작용한 것이다. (박상희는 경북 일대에서 존경받는 민족주의자로서 1946년 10월 대구 경북 민중봉기 때 경찰의 총격으로 사망하였다.) 박정희는 일제 강점기에 만주군관학교를 졸업하고 일본군 장교로 복무한 자로서 민족주의적 성향과는 거리가 멀었던 자이고, 공산주의 활동은 박상희의 죽음 이후부터 박정희 체포 이전까지의 단기간에 그친다. 복역 중이던 박정희는 백선엽(白善燁, 1920~2020, 당시 대령)의 도움으로 석방된 후 군 정보국에서 민간인 신분으로 일하다가 한국전쟁 발발로 포병 소령으로 복귀하였다.

반공정책은 박정희에게 창인 동시에 방패인 매우 유용한 도구였다. 반공정책은 미국에 대해 신용과 돈을 얻을 수 있는 도구였고, 국내 정치에서 정권에 반대하는 자들을 공산주의자로 몰아 고문하고 학살하는 공포 정치를 통해 강력한 정권을 유지할 수 있는 일거양득의 도구였다.

성공은 허물을 덮었고, 세월은 허물을 망각하게 하였다. 고문과 학살과 공포 정치의 직접 피해자가 아닌 국민들은 경제성장이라는 결과에 만족하고 박정희 정권의 경제적 성공을 신화로 기억하게 되었다. 이렇게 만들어진 신화는 '독재 정권이 경제성장을 이룬다'는 신화였지만 이에 그치지 않았다. '경제성장을 이루려는 독재 정권에 반대하는 자는 공산주의자다'라는 신화도 함께 만들어졌다.

박정희 정권의 경제적 성공은 그 시기가 마침 세계경제가 유례없는 팽창기였던 때문에 가능하였다. 제2차 세계대전 후 폐허가 된 세계의 재건이 시작되는 가운데 한국전쟁이 발발한 1950년부터 베트남 전쟁이 종식된 1973년(파리 평화조약)까지의 23년간의 시기를 학자들은 '자본주의의 황금기'라고 부른다. 이 시기는 세계무역이 유례없이 팽창한 시기이고, 세계자본주의 역사에서 가장 지속적인 수익성이 달성된 고도의 경제성장 시기였다. 이 시기는 개발도상국들조차도 유례없는 경제성장을 보여주었다. 한국전쟁 이후의 4반세기, 즉, 1950년에서 1975년 사이 개발도상국에서 개인소득의 연평균 성장률은 3%에 달하였다.

전두환 신군부가 집권한 1980년대 초중반부터 한국 경제는 다시 호황기에 접어들었다. 흔히 이 시기를 '3저 호황'이라고 부른다. '3저 호황'은 1980년대 중후반 국제적으로 저유가, 저금리, 저달러 등 우리 경제에 유리한 3가지 요인이 한꺼번에 작동하여 나타난 호황을 말한다. '단군 이래 최대의 호황'이란 말이 나올 정도였다. 우리 제조업에서 생산 원료와 동력원으로서 가장 중요한 원유의 유가 하락은 기업들의 제품 생산 비용을 절감할 수 있게 하였고, 저금리 현상으로 기업들은 낮은 금융비용으로 투자를 확대할 수 있었으며, 미국이 대일무역 적자 해소를 위해 1985년 플라자합의를 통해 달러화 가치를 낮추는 바람에 한국은 상품 가격 경쟁력을 확보해 수출 호황을 맞이할 수 있었다. 이렇게 전두환 노태우 신군부 집권기의 호황은 박정희 정권이 만든 신화를 다시 검증된 것처럼 보이게 하였다.

'독재 정권이 경제성장을 이룬다'는 신화는 허상이고, 다시 시도될 수 있는 것도 아니다. 국가 권력의 주도하에 공업화의 속도를 급격히 높이는 방법으로 경제성장을 이루는 방법은 초기 자본주의사회, 즉, 농업 중심 사회에서 공업화가 시작되는 단계에서만 한시적으로 유용하다.

'독재정권이 유능하다'는 신화는 2000년대에는 적용될 수 없는 허상이지만 긴 세월 동안 국민들에게 인상 깊게 새겨진 때문에 쉽사리 벗어나기 어렵다. 우리나라 노년층 가운데 상당수는 그 환상에서 벗어나지 못하고 극우적 정권이 다시 경제적 부를 가져다 줄 것이라는 기대를 버리지 못하고 있다.

'진보는 위험하다'는 신화 역시 아직 유력하다. 색깔론, 안보 몰이, 북풍은 선거 때마다 소위 보수 정당이 애용하는 수법이다. 적지 않은 국민들이 '진보 정당을 지지하면 우리 사회가 사회주의화될 위험이 있다'는 생각을 버리지 않고 있다. '아무개는 빨갱이다'라는 선동은 여전히 국민들에게 두려움을 느끼게 한다. 특히 노년층 상당수는 6.25 내전이라는 치유되기 어려운 내상을 앓고 있다.

박정희는 군사쿠데타 이후 수많은 희생자들을 밟고 20년간을 나치 총통처럼 군림하면서 막대한 국가적 손해를 감수하며 경제성장을 이루었다. 일본에 대한 국가적 배상청구권을 포기하였고, 강제징용피해자들은 일본 기업들에게 청구할 배상금청구권을 상실하였으며, 위안부 할머니들은 배상청구는커녕 일본인들의 조롱거리로 전락하였다. 노동과 인권탄압을 넘어 무고한 양민들이 그의 극단적 반공정책의 희생양이 되었다. 박정희는 그 친형이 존경받는 민족주의자였고 박정희 자신도 한 때 공산당원으로 활동한 전력이 있어 이를 만회하고자 더욱 극단적인 반공정책을 내세웠다.

대한민국 청년들을 베트남 전쟁터에 몰아넣어 주검이 되게 하였고, 사회 인사들과 무고한 학생들을 빨갱이로 몰아 중앙정보부 남산 벙커와 교도소와 처형장에 몰아넣었다. 아무런 정치적 신념도 없는 평범한 서민들이 제대로 된 수사절차도 밟지 않고 간단히 간첩의 누명을 쓰고 투옥되었다. 무고한 서울대 학생들이 조작된 민청학련 사건으로 사형을 확정받고 형장의 이슬로 사라지기까지 불과 며칠이 걸렸을 뿐이다. 베트남 전쟁 때 1964년 9월에서 1973년 3월 철수 때까지 약 9년 간에 걸쳐 투입된 한국군(비전투 병력 포함) 병력은 약 34만 6,000명이다. 그 중 약 5,000명이 사망하였고, 1만 명 이상이 부상을 입었다. 미군이 고엽제를 사용한 기간(1962년부터 1971년)은 우리 군의 파병기간과 대부분 중복되며, 고엽제 살포지역의 80%가 한국군 작전지역이었다. 고엽제 노출 후유증은 전립선암, 폐암, 간암, 림프종, 각종 폐질환, 신경질환으로 나타났고 기형아출산으로도 이어졌다. 사망, 부상, 질병 등 눈에 보이는 피해를 입지 않은 참전 군인들도 베트남 국민들을 살인하거나 동조한 가해행위로 치유할 수 없는 정신적 피해를 입었다. 전두환과 노태우(盧泰愚, 1932~2021)는 베트남전에 지휘관(백

마부대와 맹호부대의 연대장과 대대장)으로 참전한 자들이다. 그들의 참전 경험이 1980년 광주의 양민학살과 무관하다고 볼 수 없으니 박정희는 또 다른 학살을 후대에 물려준 것이었다.

베트남전쟁으로 한국 경제는 소위 '베트남 특수'를 누렸다. 여러 한국 기업들이 베트남에 직접 진출하거나 혹은 관련 사업에 참여하여 고도의 성장을 이루었다. 토목과 건설업체는 주둔 미군과 한국군을 위한 도로와 기지 건설 등 관련 공사들로 달러를 획득했다. 대표적인 회사가 현대건설이다. 현대건설은 1966년부터 1972년까지 거의 2,000만 달러의 수익을 거두었다. 한진그룹(KAL)은 전쟁 물자 수송으로 회사 규모가 비약적으로 커졌다. 그밖에도 베트남 전쟁을 계기로 신발, 섬유, 합판, 가발 등 여러 부문에서 대미 수출이 크게 증가하였다. 1969년에 대미 섬유 수출액만 1억 달러가 될 정도였다. 베트남에 있는 외국기업에서 종사하는 한국 기술자들의 외화송금이나 미국의 군사원조도 한국 경제에 큰 영향을 주었고, 참전을 계기로 경제개발계획이 종래의 완전 경공업에서 벗어나 무기 등 중화학공업으로 전환이 가능하게 되었다. 그것들은 5,000명의 목숨과 1만 명의 부상과 맞바꾼 것이었다.

우리 현대 민중운동사에서 가장 선명했던 구호는 '군부독재타도'였다. 5·16과 12·12 군사쿠데타로 집권한 박정희, 전두환 정권에 대해 저항하는 것은 지성인으로서 당연한 의무로 여겨졌고 다수의 국민들은 이에 공감하고 동조하였다. 내심으로 군부독재를 옹호하는 사람들은 침묵하는 것이 예의였다.

그 내심의 독재 옹호자들은 이제 더 이상 침묵하지 않는다. 거리에 몰려나와 태극기와 성조기를 들고 원망과 적의에 가득 찬 눈길로 독재정권의 부활을 외치고 있다. 촛불의 행렬[55]은 새로운 민초들로 채워지고, 군부독재타도 행렬의 전면에 섰던 많은 사람들이 촛불의 대오에서 보이지 않는다. 민간정부 수립으로 우리 사회의 시민혁명의 시대는 막을 내린 것일까?

우리나라의 시민혁명은 1960년의 4·19 혁명, 1980년의 광주항쟁, 1987년의 6월 항쟁을 통해 완성도를 높여 왔다. 오늘날 시민혁명이 완성되어야 할 시점에서 우리 사회는 오히려 전체주의의 습격을 받게 되었고, 인권, 자유, 평등 사회 실현을 향한 여정은 중대한 위협에 직면하게 되었다. 그 위협은 근본적으로 우리 시대의 이데올로기의 빈곤에서 비롯되고 있다. 전체주의의 역습에 대항할만한 이데올로기가 존재하지 않는다.

촛불집회는 무명의 인사들의 헌신적 노력으로 개최되었다. 휴머니즘을 위해 어떤 대가도 받지 않고 헌신할 수 있는 사람들이 전국 각지에 산재해 있다. 그러나 이데올로기 정립이 이루어지지 않는다면, 늘어가는 '촛불'의 행렬은 희망이자 또한 언제든지 다시 꺼질 절망이다. 이제 정치경제학을 말하고 사회적 책임제 민주주의를 논의하여야 한다.

---

55 촛불집회는 슬로바키아 독립요구 집회가 시초였다. 우리나라에서는 박정희 대통령의 긴급조치 시대인 1974년 9월 명동성당에서 천주교정의구현사제단이 주관한 종교계 시국집회가 최초였다. 그 후에도 여러 차례 촛불집회가 있었지만, 촛불집회가 대규모 대중적 집회로 개최된 것은 2004년 3월 노무현 대통령 탄핵반대 집회와 2016년 12월 박근혜 퇴진운동 집회였다. 이 2개의 집회는 단순히 참가자가 많았던 것에 그치는 것이 아니라 국민들의 여론이 집약되고 표출된 집회였다는 점에서 6월 항쟁의 연장선상에 있는 시민혁명이라 할 것이다.

참고문헌

골드, 로나. 2012,『공유경제』, 안명옥·하윤희 옮김, 조윤커뮤니케이션

김기섭, 2018,『사회적 경제란 무엇인가』, 도서출판 들녘

김학준, 1999,『러시아 혁명사』, 문학과지성사

라쉬, 타일러. 2020,『두 번째 지구는 없다』, 이영란 감수, 알에이치코리아

리카도, 데이비드. 2019,『정치경제학과 과세의 원리에 대하여』, 권기철 옮김, 책세상

마르크스, 칼. 1989a,『자본론 I(상)(하)』 김수행 옮김, 비봉출판사

———. 1989b,『자본론 II』, 김수행 옮김, 비봉출판사

———. 1990.『자본론 III(상)(하)』, 김수행 옮김, 비봉출판사

———. 2007,『정치경제학 비판 요강1』, 김호균 옮김, 그린비

맬서스, 토머스. 2011,『인구론』, 이서행 옮김, 동서문화사

모왓, 팔리. 2011,『잊혀진 미래』, 장석봉 옮김, 달팽이출판

박맹수, 2014,『생명의 눈으로 보는 동학』, 도서출판 모시는사람들

서상문, 2008,『혁명러시아와 중국공산당』, 백산서당

송건호·박현채, 1985,『해방40년의 재인식1』, 돌베개

송승엽, 2008,『중국 개혁 개방 30년』, 휴먼비전

슘페터, 조지프. 2011,『자본주의·사회주의·민주주의』, 변상진 옮김, 한길사

스미스, 애덤. 2024,『국부론』, 이종인 옮김, 현대지성

스칼라피노·이정식, 1986.『한국공산주의 운동사2』, 한홍구 옮김, 돌베개

유시민, 2021,『거꾸로 읽는 세계사』, 돌베개

이종석, 1997,『조선로동당연구』, 역사비평사

임을출·윤대규, 2006,『북한경제 개혁을 위한 새로운 패러다임』, 한울

정영철, 2023,『건설·부동산공법론』, 박영사

정회철, 2013,『기본강의 헌법』, 도서출판 여산

카, E. H. 2017,『러시아혁명』, 유강은 옮김, 이데아

커밍스, 브루스. 1986,『한국전쟁의 기원』, 김자동 옮김, 일월서각

폰팅, 클라이브. 2010,『녹색 세계사』, 이진아 옮김, 그물코

폴라니, 칼. 2010,『거대한 전환』, 홍기빈 옮김, 도서출판 길

지은이 **황사민**

1960년 광주광역시 출생

서울대학교 무역학과 졸업

변호사

한울아카데미 2612

사회적 책임제 민주주의

『자본론』을 넘어 새로운 정치경제학을 향하여

지은이 황사민

펴낸이 김종수

펴낸곳 한울엠플러스(주)

편집 김재원

초판1쇄 인쇄 2025년 10월 10일

초판1쇄 발행 2025년 10월 20일

주소 10881 경기도 파주시 광인사길 153 한울시소빌딩 3층

전화 031-955-0655

팩스 031-955-0656

홈페이지 www.hanulmplus.kr

등록번호 제406-2015-000143호

Printed in Korea.

ISBN 978-89-460-7612-9 93340

※ 책값은 겉표지에 표시되어 있습니다.